Car : Motive Power that Changed the World

There is a saying that goes, "Want is the master of mankind." Man invented tools to satisfy his deep need for speed. It's like the invention of the wheel! The invention of the wheel was important because it made transportation much easier and quicker.

Mankind also constantly tried to exploit motive power, and as steam and diesel engines were developed, cars, trains, ships, robots, and airplanes, were made. In the future, we will see a self-driving car.

Without motive power, mankind would be living in a different way than now. Perhaps, mankind would have stayed in the primitive times.

Motive power has a very important presence in the history of mankind. So earlier, I prepared a series of books called *Motive Power that Changed the World,* with a follow-up on this series with my new book, *Car.*

The world's first car was made in 1769. The car exists as an extension of the wheel. But, It has both good and bad points.

The book not only tells about the history of the car, but is also filled with the stories of the sciences, technology, politics, economy, society, and culture that changed around the development of cars. We can learn how the world has evolved in accordance with the development and history of the car.

In addition to this story, I wrote a story of people who suffered from the destruction of their natural habitats as a result of the inexorable advances of the car.

Recently, the first flying car was made in the U.S What other kinds of cars will we see in the future? The car is a fast and convenient form of transportation. Cars have become an indispensable part of our lives. However, a major form of pollution is caused by cars. I hope you can dream a new future with cars, which are constantly being developed even as you are reading this book.

So, let's travel around the world to meet the surprising and wonderful world of cars.

In the Text

1. Fire Meets Wheel

2. The road for the wagon

3. A wagon that moves on its own

4. Birth of The Car

5. Korean cars

6. The uncomfortable truth about cars

7. The Future of Cars

세상을 바꾼
자동차
이야기

세상을 바꾼 동력 4
세상을 바꾼 자동차 이야기
Car : Motive Power that Changed the World

1판 1쇄 2017년 11월 29일
1판 4쇄 2019년 3월 15일

글 김형주
그림 노기동

펴낸이 박현진
펴낸곳 (주)풀과바람
주소 경기도 파주시 회동길 329 (서패동, 파주출판도시)
전화 031) 955-9655~6
팩스 031) 955-9657
출판등록 2000년 4월 24일 제20-328호
홈페이지 www.grassandwind.com
이메일 grassandwind@hanmail.net

편집 이영란
디자인 박기준
마케팅 이승민

ⓒ 글 김형주, 그림 노기동, 2017

이 책의 출판권은 (주)풀과바람에 있습니다.
저작권법에 의해 보호를 받는 저작물이므로 무단 전재와 복제를 금합니다.

값 11,000원
ISBN 978-89-8389-723-7 73500

※ 이 책의 저자 인세의 50%는 푸르메재단 넥슨어린이재활병원에 기부됩니다.
※ 잘못 만들어진 책은 구입처에서 바꾸어 드립니다.

이 도서의 국립중앙도서관 출판예정도서목록(CIP)은 서지정보유통지원시스템 홈페이지(seoji.nl.go.kr)와 국가자료공동목록시스템(www.nl.go.kr/kolisnet)에서 이용하실 수 있습니다. (CIP제어번호 : CIP2017027033)

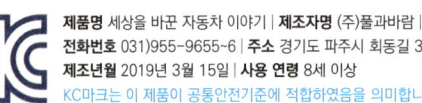

세상을 바꾼
자동차
이야기

김형주 · 글 | 노기동 · 그림

풀과바람

머리글

　인간이 무엇인가 부족하다고 느껴서, 그것을 가지거나 누리고자 탐하는 마음을 우리는 '욕망'이라고 해요. 인간의 욕망은 끝없이 진화해 왔어요. 그것은 인간의 상상력이 만들어냈죠.

　최초의 인류는 자연에서 나약한 존재였어요. 다른 맹수들처럼 강해지고 싶었겠지요. 그 욕망을 채우기 위해 도구를 사용하기 시작했어요. 찍개, 돌칼, 돌도끼, 돌창 등등. 마침내 자연의 강자가 되었지요.

　그리고 더 빨라지고 싶었어요. 그 속도에 대한 욕망은 바퀴를 발명하게 했어요. 인간은 바퀴를 널빤지에 달아 수레를 만들어냈지요. 수레를 만들고 수레가 다니는 도로를 만들면서 인류는 새로운 문명의 시대를 열어가게 돼요.

　공간과 시간 제약을 바퀴의 '속도'로 극복할 수 있게 되었어요. 자연을 지배하려는 또 하나의 욕망이 탄생하게 되는 자칫 위험한 순간이에요.

　마침내 1769년 세계 최초의 자동차가 탄생했어요. 바퀴와 수레의 역사는 길게 잡아 약 7000년 정도예요. 자동차는 수레의 연장으로 볼 수 있어요. 바퀴와 도로 등 수레와 공통점이 많으니까요. 수레가 그랬던 것처럼, 자동차로 인해 도시도 발달하고, 무역을 비롯한 국가 간의 교류도 그 속

도만큼 빨리 발달했어요.

 오늘날의 자동차까지 오는 데는 겨우 250여 년 정도밖에 걸리지 않았지요. 빠르지요? 자동차는 그 '속도'만큼이나 빠르게 발전하고 성장했어요. 빨리 성장한 만큼 크고 작은 부작용도 뒤따랐지요.

 자동차는 편리한 교통수단이에요. 어느새 우리가 살아가는 데 없어서는 안 될 도구가 되었지요. 모든 도구는 동전의 앞면과 뒷면처럼 양면성이 있어요. 좋은 점과 나쁜 점을 함께 가지고 있다는 뜻이지요. 자동차도 마찬가지예요.

 이 책은 인류가 자동차를 만든 과정과 그것을 애용하는 현재까지, 자동차에 관한 모든 것을 살펴볼 거예요. 대표적으로 승용차를 중심으로요. 자동차를 기능에 따라 나누면 농사에 쓰이는 경운기, 전쟁에 쓰이는 장갑차와 탱크 그리고 덤프트럭 등 셀 수 없이 많아요. 하지만 특수한 기능의 이들 차량에 대해서는 다루지 않았어요. 자동차에 대한 상징적인 얘기니까요.

 그럼 우리 자동차에게 한번 물어볼까요?

 "자동차야, 넌 과연 좋은 친구니? 어떻게 하면 좋은 친구가 될 수 있겠니?"

김형주

차례

 01 불과 바퀴의 만남 · 8

신화 속 불 이야기 · 10
불로 밝힌 인간의 문명 · 14
바퀴가 등장하기 전에 · 20
바퀴의 탄생과 발달 · 24
바퀴와 인간의 욕심 · 28

 02 수레의 길, 도로 · 32

도로를 따라 발전하다 · 34
모든 길은 로마로 통한다 · 38
우리나라의 도로 · 42

03 스스로 가는 수레 · 46

자동차를 생각하다 · 48
자동차가 나오기까지 · 50

 04 자동차의 탄생 · 54

증기 기관과 산업 혁명 · 56
친환경 전기 자동차 · 60
'MY CAR', 가솔린 자동차 · 66

 **우리나라 자동차** · 74

우리나라 최초의 자동차 · 76
고속 도로와 경제 발전 · 78
자동차 강국 대한민국 · 82

 **자동차에 관한 불편한 진실** · 84

걷는 속도의 자동차 · 86
전쟁과 자동차 · 88
정부는 자동차편 · 90
자동차는 사고뭉치 · 92

07 자동차의 미래 · 96

친환경 자동차 · 98
무인 자동차 · 100
상상의 자동차 · 106

자동차 관련 상식 퀴즈 · 110
자동차 관련 단어 풀이 · 113

01 불과 바퀴의 만남

　자동차가 가는 원리를 아주 간단하게 말하면, 불의 힘으로 바퀴를 굴려 이동하는 거예요. 곧 불과 바퀴가 만나서 자동차라는 편리한 기계가 태어난 거랍니다.

　인류는 수십만 년 전부터 불을 사용하기 시작했고, 수천 년 전부터 바퀴를 만들어 사용했어요. 역사 학자들은 이렇게 말했어요.

　"불은 인간의 위대한 발견, 바퀴는 인간의 위대한 발명이다!"

　그러나 이 불과 바퀴가 만나, 증기 기관으로 가는 최초의 자동차가 만들어진 건 250년도 채 안 돼요.

　바퀴 달린 수레보다 짧은 역사를 가진 자동차. 하지만 이 짧은 기간에 자동차는 기술적으로 수많은 발전을 이룩하고 성장하게 된답니다.

신화 속 불 이야기

인간은 언제부터 불을 썼을까요? 신들의 이야기인 그리스 신화를 보면, 원래 불은 신들만 사용할 수 있도록 제우스가 허락했대요.

어느 날 제우스는 프로메테우스에게 명령했어요.

"우리와 닮은 인간을 만들어라!"

프로메테우스는 인간을 만들었고, 자연에서 약한 존재로 살아가는 모습을 보고 딱하게 여겨 '불'을 주었어요.

이 사실을 알게 된 제우스는 크게 화가 나 프로메테우스에게 벌을 내렸어요. '코카서스'의 바위에 프로메테우스를 꽁꽁 묶어 놓고 자신이 기르던 독수리를 보내 매일 프로메테우스의 간을 파서 쪼아 먹도록 했지요. 아침부터 저녁까지요.

프로메테우스는 신이라서 죽지 않았고, 밤이 되면 상처가 아물어 새로운 간이 생겨났어요. 이튿날 아침이면 또 독수리에게 간을 파 먹히는 고통이 되풀이되었답니다.

뒷날, 제우스의 아들인 헤라클레스가 나타나서 프로메테우스를 구했어요. 프로메테우스가 처음 벌을 받던 날로부터 3000년이 지나고 나서였답니다.

 프로메테우스가 지은 죄가 얼마나 컸으면, 무려 3000년 동안이나 독수리에게 간을 파 먹히는 벌을 받았을까요?

 신들도 고기 구워 먹을 때나 불을 썼다니까 중요한 건 아니었겠지요. 하지만 제우스는 앞날을 내다보는 능력이 있었대요. 아마도 인간이 불을 쓰게 되면, 좋지 않은 결과가 있으리라고 짐작했는지도 몰라요.

 어떤 도구든지 현명한 자가 쓰면 이익이 되지만, 어리석거나 악한 마음을 가진 자가 사용하면 해가 되곤 하지요. 칼을 그 예로 들어볼까요? 의사가 칼을 사용하면 사람을 살릴 수 있지만, 강도가 칼을 쓰면 사람을 죽일 수도 있어요.

　불도 마찬가지예요. 불 덕분에 우리는 음식을 익혀 맛있게 먹을 수 있고, 또 겨울을 따뜻하게 날 수 있어요. 불은 우리에게 무척 편리하고 유익해요.

　하지만, 자칫 잘못 다루어 큰불이 나면 재산은 물론 심지어 사람의 생명까지 앗아갈 수 있어요. 또한 화약 종류와 만나 전쟁 무기로 쓰이면, 수많은 인간의 목숨을 빼앗아가기도 해요.

　아마도 제우스는 인간에게 불을 줬을 때, 좋은 점보다 좋지 않은 점이 더 많아 해롭다고 여겼나 봐요. 그래서 인간에게 불을 주는 걸 반대했는지도 모르겠어요.

불로 밝힌 인간의 문명

실제로 인간은 불을 언제부터 사용했을까요?

인류가 처음 지구에 나타난 때를 대략 400~500만 년 전쯤으로 추측해요. 원숭이에서 갈라져 나온 시기인 600~700만 년 전으로 보는 학자들도 있고요. 물론 지금의 사람과는 조금 다른, 생김새가 마치 침팬지 같은 원숭이 종류와 비슷했을 거예요.

우리의 조상인 이 원시인들이 처음 지구에 나타났을 때는, 다른 동물보다 작고 나약했어요. 그러던 어느 날, 길을 가다 땅에서 맹수의 이빨이나 발톱을 닮은 돌멩이를 발견했어요. 그리고 이 돌멩이를 주워서 쓰기 시작했답니다.

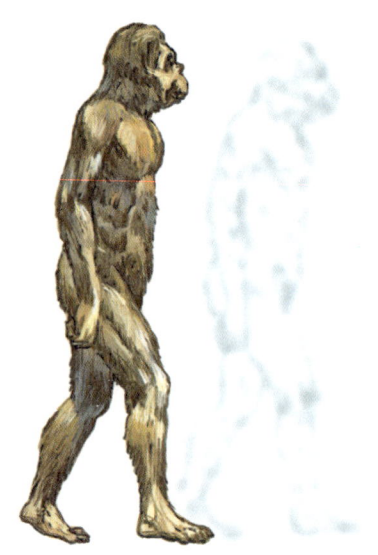

원시인은 날카로운 돌을 가져다가 비교적 손쉽게 어떤 물건을 자르기도 하고, 또 구멍을 뚫기도 했어요. 도구의 사용과 더불어 점차 인간의 지능도 조금씩 발달했습니다.

돌멩이를 깎고 갈아 나무에 연결해서 돌도끼나 돌창 같은 사냥 도구도 만들었어요. 덕분에 인간은 자연의 강자로 거듭났지요.

강하게 변한 인간이 '불'을 사용하는, 그야말로 인류 역사에 큰 사건이 더해져요. 물론 번개가 쳐서 숲에 불이 붙거나 화산 활동 덕에 분화구에서 뿜어져 나오는 마그마처럼, 자연적으로 생기는 불은 지금도 이어져요.

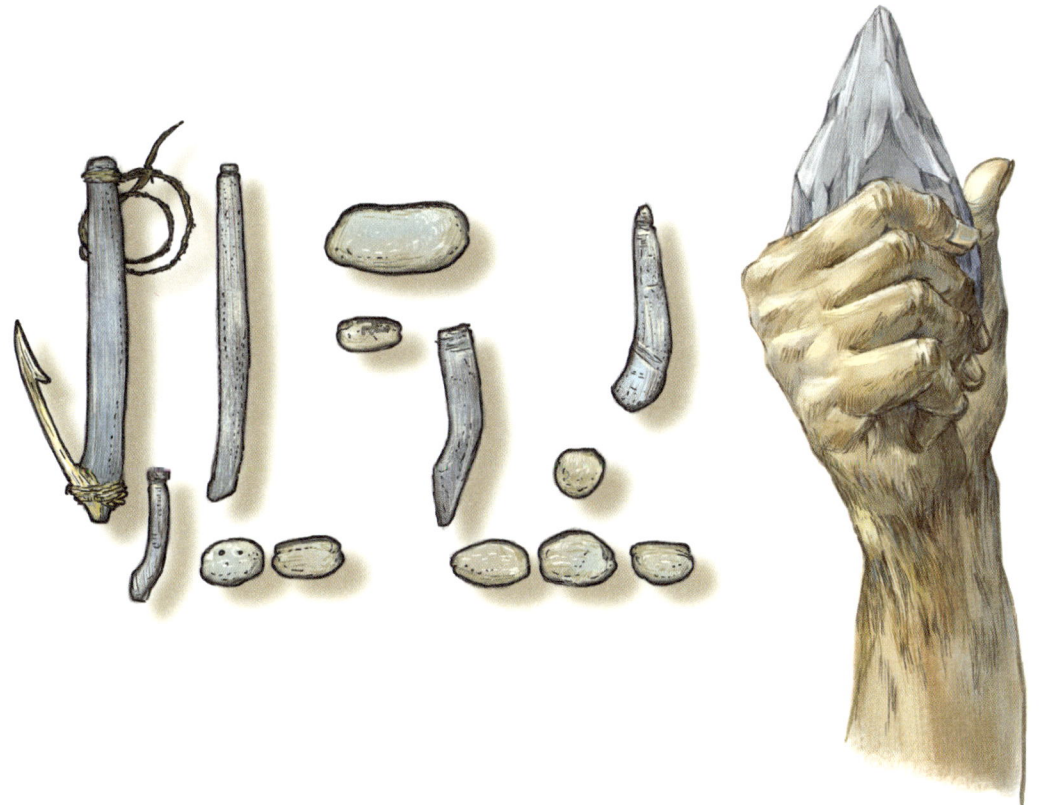

인간들은 불을 나뭇가지에 붙여 옮겨다 쓰기 시작했어요. 그보다 중요한 점은 불을 언제부터 만들어 썼느냐는 점이에요. 나뭇가지를 비비든가, 부싯돌을 부딪치든가 하는 방법으로 말이에요.

보통은 역사적 유물로 확인해야 하는데, 100만 년 전 유물이라도 불에 탄 흔적만으로는 가늠하기 어려운 게 사실이에요. 그래서 역사 학자들은 다른 증거를 찾기로 했어요.

'차라리 인간의 몸을 연구해서, 불을 썼던 증거를 찾아보자!'

그래서 발굴한 원시인의 뼈를 연구해서 불을 사용한 시기를 찾기로 했어요.

실제로 약 500만 년 전부터, 숲에서 열매나 견과류를 채집해 먹던 오스트랄로피테쿠스는 딱딱하거나 섬유질이 많은 질긴 음식을 먹었어요. 그 탓에 어금니가 크고 넓적하게 생겼고, 씹는 근육도 발달했어요. 그 음식물을 오래 소화하기 위해 대장과 소장의 길이도 길어서 배는 볼록하고, 구부정하게 다닐 수밖에 없었어요.

그러나 약 200만 년 전부터 나타난 호모 에렉투스는 달랐어요. 이가 날카롭고 작게 변화했고, 씹는 근육도 작은 데다 뇌가 컸지요. 게다가 소장과 대장도 짧아져서 허리가 잘록했지요.

17

그 이유는 간단해요. 일단 불에 굽거나 익힌 음식은 좀 더 연해요. 그리고 한두 번이 아니고 계속해서 익혀 먹으면 당연히 음식을 씹는 어금니가 퇴화해 작아지겠지요. 또 음식이 연하면 질긴 것보다 소화도 빠르니까, 장의 길이도 짧아지고, 자주 먹게 되어 몸무게도 늘어나게 되고요.

사실 인간이 불에 음식을 익혀 먹은 덕분에 머리가 좋아졌대요. 소화에 에너지를 덜 쓰는 대신 그 에너지를 뇌에 공급하게 되어 지능이 높아졌다고 해요. 그 증거로 인류의 뇌가 3배나 커진 현상을 들어요.

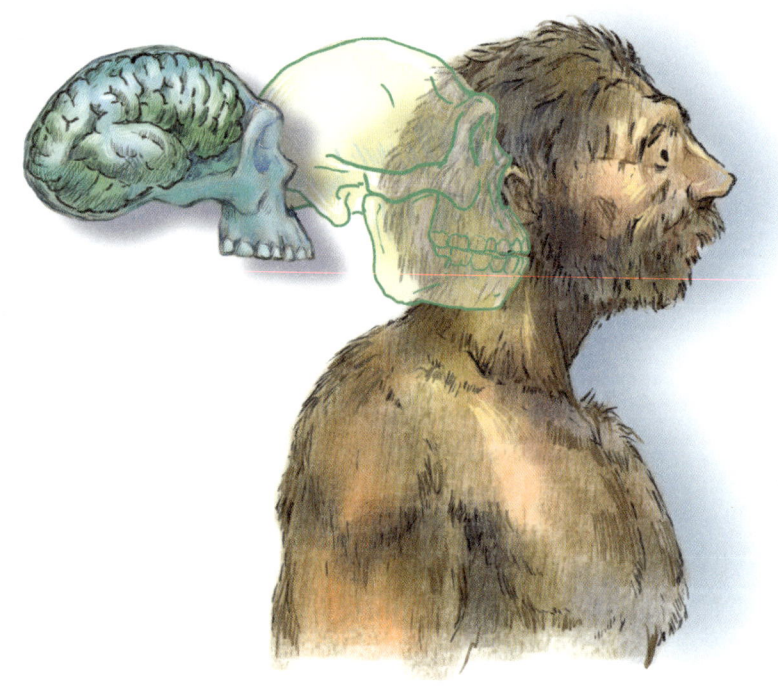

인간의 뇌는 우리 몸의 2%에 지나지 않지만, 인체 에너지 소비량의 20%를 쓸 정도로 많은 에너지를 소비해요. 물질대사가 활발한 곳이기 때문이에요.

이런 방법으로 따져 보면, 인류는 대략 190만 년 전쯤부터 불을 사용했다고 해요. 흥미로운 연구 방법과 그에 따른 놀라운 결과지요?

인류에게 불은 추위를 막아 주고, 때로는 맹수로부터의 위협을 막아 줬어요. 인간이 불을 이용하면서부터는 문명의 발달을 이룩하게 되었답니다.

바퀴가 등장하기 전에

킥보드, 인라인스케이트, 자전거, 스케이트보드……. 얘들의 공통점은 무엇일까요? 맞아요, 우리가 즐겨 타고 노는 친구들이에요. 무엇보다 얘들을 타고 놀면 신나고 재미있지요?

그 이유는 아마도 타고 즐길 때 느끼는 짜릿한 '속도감' 때문일 거예요. 특히 우리가 두 다리로 달릴 때보다 힘이 덜 들고요. 그것은 바로 바퀴 때문이지요.

바퀴는 인간의 삶을 편리하게 바꾸어 놓은 획기적인 발명품이에요.

바퀴 덕택에 오늘날 우리는 자동차 같은 문명의 편리함을 누리며 살아가고 있답니다.

바퀴는 누가, 언제 처음 만들었을까요? 그렇다면 바퀴가 나오기 이전에는 바퀴 대신 무엇을 썼을까요?

사람이 물건을 옮길 때 가장 단순한 방법은 직접 들거나 이고 지는 거예요. 좀 더 무겁고 부피가 큰 짐은 말이나 소 같은 가축의 등에 얹고 이동했어요. 가축의 등에 얹기 곤란한 모양의 물건이나 부피가 큰 물건은 어떻게 했을까요?

처음에는 긴 막대기 2개를 써서, 마치 들것처럼 만들었어요. 그런 다음 한쪽을 소나 말의 등에 연결했고, 반대쪽은 땅에 질질 끌린 채 다녔어요. 그런데 이런 운반 도구는 진흙이나 돌이 많은 자갈밭, 눈이 많이 쌓여 있는 곳에서는 걸림이 많아 불편했어요.

그래서 지금의 썰매처럼 작대기를 눕혀 미끄러지듯 갈 수 있도록 개량했어요. 특히 진흙이나 눈밭에서는 제격이었죠. 그러나 사람보다 큰 바위나 무거운 물건을 실으면, 썰매가 진흙이나 눈밭에 빠져 곤란했어요.

인류는 지혜롭게도 기원전 6000년 즈음, 즉 지금으로부터 약 8000년 전에 이미 구르는 물체의 특성을 알고 이것을 이용하기 시작했어요. 바로 '굴림대'예요.

무거운 물건 아래, 통나무 여러 개를 가로로 집어넣어 나무를 구르도록 했어요. 이런 굴림대를 이용해 적은 힘을 들이고도 큰 물건을 옮길 수 있었지요.

하시난 굴림대를 움직이는 방향 쪽으로 연달아 옮기는 작업을 반복했기에 힘들기는 마찬가지였어요. 이집트의 거대한 피라미드를 지으면서 큰 돌덩이를 옮길 때도 굴림대를 썼다고 해요.

바퀴의 탄생과 발달

기원전 5000년쯤, 지금의 이란과 이라크 땅에 페르시아라는 나라가 있었어요. 당시 조각 유물 가운데, 통나무를 도넛처럼 납작하게 잘라 만든 바퀴가 새겨진 조각물이 있어요. 당연히 그때 바퀴를 사용했다는 증거이지요.

페르시아가 약 6500년 전까지 있었으니까, 바퀴는 최소 6500년 전부터 사용했다고 추측하고 있어요. 하지만 안타깝게도 실제 바퀴는 아직 발견하지 못했어요.

당시에 쓰던 나무 바퀴는 통나무를 자른 원판이어서 작은 충격에도 잘 갈라지고 쪼개졌어요. 또 자연적으로 터지기도 했지요. 그래서 바퀴를 자주 바꿔야 해서 불편했어요.

기원전 3500년쯤, 쪼개지는 단점을 보완한 새로운 바퀴가 개발되었어요. 바퀴를 2~3조각으로 된 두꺼운 널빤지를 이은 뒤 도넛처럼 만들었어요. 널빤지는 연결 막대기를 나무 이음 부분에 수직으로 덧대 구리로 만든 못을 박아 고정해서 튼튼했어요.

바퀴는 무거운 짐을 나를 때 요긴하므로 주로 수레 같은 데 사용했지요. 수레는 당연히 사람이나 소, 말 등의 가축이 끌었어요. 하지만 여전히 바퀴 자체만으로도 무게가 많이 나가, 수레의 속도도 느리고 조종하기도 힘들었답니다.

'바퀴를 더욱 가볍게 할 수는 없을까? 그러면 더 빨리 갈 텐데.'

사람들은 고민 끝에 드디어 바퀴의 무게를 줄이는 방법을 찾아냈어요. 바로 바퀴 옆면에 구멍을 뚫는 거예요. 처음에는 1~2개만 뚫어 쓰다가 바퀴 기능에 큰 영향이 없자, 3~4개로 구멍의 개수를 점차 늘려갔지요. 모양은 마치 구멍 뚫린 썬 연근과 같았어요.

기원전 2000년쯤에는 더욱 발전해 지금의 이집트나 터키, 그리스 등 여러 지역에서 드디어 바큇살이 붙은 바퀴가 등장해요. 바퀴가 가벼우니까 수레의 속도도 빨라졌어요. 또 조종하기도 쉬워져서 '기동성'도 좋아졌죠.

당시 '히타이트'라는 나라에서는 기동성을 높이기 위해 말이 끌고 두 바퀴가 달린 수레를 개발했어요. 2~3명이 타기에 딱 좋았죠.

마침내 이 수레를 이집트와의 전쟁에 '전차(戰車)'로 사용했어요. 전차는 한 사람이 수레를 조종하고, 나머지는 활이나 칼, 창 등의 무기를 자유롭게 사용할 수 있었지요.

이 전차의 위력은 실제로 대단했어요. 이집트와의 오랜 전쟁에서 마침내 람세스 2세 왕조를 무너뜨리게 된답니다. 물론 전차만으로 전쟁에서 승리했다고 단정 지을 수는 없지만, 큰 역할을 한 건 틀림없는 사실이에요.

그 뒤로 전쟁에서 진 이집트를 포함한 주변 국가들이 앞다퉈 전차를 만들어 쓴 것만 보아도 알 수 있지요.

인류는 이 바큇살이 달린 바퀴를 무려 2000여 년 동안 사용해 왔어요. 그 뒤로 또 2000년이 지나 오늘날의 고무 타이어를 쓰기까지 바퀴는 더욱 견고하고 안락하게 진화를 거듭해 왔어요. 공기를 넣지 않아도 되는 타이어 등 현재도 바퀴는 계속 진화하고 있어요.

바퀴와 인간의 욕심

바퀴는 인류의 역사에 발맞춰 발전을 거듭했어요. 하지만, 사막이나 늪지, 험한 산이 많은 특수 지형에서는 쓸모없었지요. 아직도 사막에서는 낙타를 이용하고, 산악 지형에서는 당나귀나 라마 같은 동물의 힘에 의존하는 게 사실이에요.

그래도 평평한 땅에 있는 대부분의 나라는 이 바퀴를 사용해 엄청난 이득을 보았어요. 인류는 바퀴를 사용하면서부터 크게 세 가지가 달라졌답니다.

첫째, 이전보다 더욱 무겁고 많은 짐을 한꺼번에 나를 수 있었어요. 예전에 사람이나 짐승이 등짐을 질 때보다 효율적이었죠. 상인들이 물건을 나를 때나 백성들이 생산한 농산물이나 수산물 등을 옮길 때 편했어요. 전쟁 때도 중요한 식량이나 무기 등을 얼마든지 실어 나를 수 있게 되었지요. 그것은 전쟁의 승패를 가를 만큼 매우 중요했답니다.

둘째, 인간이 활동할 수 있는 공간이 더 넓어졌어요. 바퀴 달린 수레를 이용하면서부터 먼 거리도 더욱 쉽게 갈 수 있었죠.

예를 들어, 가는 데만 며칠씩 걸리던 곳을 하루 만에 다녀올 수 있다고 생각해 보세요. 전에는 멀다고 느꼈던 곳이 가깝게 느껴지겠지요. 인간에게 정신적인 여유와 자유가 생긴 셈이에요.

이처럼 지리적으로 넓은 공간을 심리적으로 좁게 만들면서 여러 변화가 나타나요. 이를테면, 장사하는 사람들이 물건을 싣고 다니며 이웃 나라와의 물질적 교류가 가능해졌어요. 더불어 문화 같은 정신적 교류도 이루어졌고요. 이로써 문명의 발달 속도는 더욱 빨라졌어요.

 마지막으로, 바퀴의 사용으로 이동 속도도 빨라졌어요. 공간을 좁게 만드는 것과 연결되어 있죠.

 특히 속도가 빠를수록 유리한 전차 같은 무기는 전쟁에서 승리하는 데 아주 유용했지요. 국가 간 전쟁에서 승리한다는 것은 엄청난 사회적, 경제적 이익을 가져왔어요. 나랏돈도 많아지고, 또 나라가 커진 만큼 강력한 국가가 되어 주변에 있는 나라들이 업신여길 수 없었지요.

 이처럼 바퀴가 인간의 문명 발달에 가져온 영향력은 엄청나게 크답니다. 한마디로 요약하면, 바퀴는 인간의 신체적 약점과 공간과 시간의 제약을 극복하게 했답니다. 그 결과 인간은 자연을 넘어 지배하겠다는 욕망까지 품고 말았어요.

02 수레의 길, 도로

　사람이나 짐승이 지나다니면서 자연스럽게 길이 만들어졌어요. 그러나 바퀴가 발달하면서 바퀴 달린 수레가 다닐 수 있는 더욱 넓은 길이 필요했지요. 바로, 도로예요. 물론 울퉁불퉁한 바닥보다는 편평한 게 훨씬 좋겠지요.

　도로를 새로 만들려면, 많은 인력과 엄청난 돈이 필요해요. 결국 개인이 도로를 만드는 건 무리고, 나라가 나서서 만들어야만 했지요. 그래서 도로는 사막이나 늪지, 산이나 언덕이 많은 장소보다는 주로 평지가 많은 나라에서 많이 만들었어요.

도로를 따라 발전하다

유럽의 발트해 주변에서 많이 나오는 '호박'이라는 보석은 송진이 굳어져 만들어진 거예요. 영화 <쥐라기 공원>에서 나왔던 것처럼 온전한 곤충 화석이 들어 있는 것은 아주 진귀한 보석으로 여겨지죠. 기원전 1900년 무렵부터 이 호박을 지중해로 실어 나르기 위해 도로가 만들어졌어요. 그래서 이름도 '호박 도로'였죠.

전차를 개발해 강대국이 된 히타이트 왕국은 페르시아만에서 메소포타미아, 소아시아를 지나 지중해까지 도로를 만들기 시작해요. 일명 '왕의 길'이에요.

 그 뒤 새로운 강국의 왕들도 세계 각국으로 이어지는 '왕의 길'을 만들었어요. 그 가운데 6400킬로미터나 되는 긴 도로가 있었는데, 우리말로 비단길이라 불리는 '실크 로드'예요. 동양과 서역을 잇는 고속 도로였던 셈이지요.

바퀴가 달린 수레의 등장과 더불어 인류는 오래전부터 도로를 만들어 사용했어요. 도로의 주된 임무는 무엇보다 군대의 이동이어서 통행할 때 전차에 우선권이 있었어요.

　장사하는 상인은 물론이고 여행하는 사람들, 순례자들 같은 백성들에게도 도로는 매우 편리했어요.

　도로가 만들어지면서, 도로변에는 가게나 여관 같은 편의 시설이 생기기 시작했어요. 도로 주변으로 점점 사람들이 모이며 마을을 이루기 시작했고, 그 마을이 점차 커지면서 마침내 도시로 변한 곳도 있었습니다.

　도로가 생기면서 도로를 따라 도시가 발달하고, 산업이 발달하고, 인구가 집중하는 변화는 오늘날도 똑같이 나타나는 현상입니다.

모든 길은 로마로 통한다

이 '도로'를 잘 활용한 나라가 로마 제국이에요. 로마 제국은 2세기 서유럽, 북부 아프리카, 중동 지역에 걸쳐 광대한 지역을 정복한 제국이었어요.

"모든 길은 로마로 통한다."

17세기 프랑스 시인 라퐁텐이 《우화》에 이렇게 썼을 만큼 로마와 길은 아주 밀접한 관계가 있죠. 이 말은 지금도 사람들 입에 오르내릴 만큼 유명해요.

로마는 기원전 4세기 이탈리아반도를 통일했는데, 이때부터 도로를 늘려가기 시작했어요. 마침내 2세기 무렵에는 로마를 중심으로 사방으로 뻗어 나간 도로가 총 8만 5000킬로미터에 이를 정도였대요. 여기에 공사비를 줄이려 자갈만 깐 도로까지 합치면 32만 킬로미터나 된다고 해요.

줄리어스 시저가 살던 기원전 1세기 중엽에는 110킬로미터를 24시간 만에 갈 수 있었지요. 그 뒤 100년 뒤 티베리우스 황제는 200킬로미터를, 서기 68년 네로 황제의 죽음을 에스파냐에 알렸던 전령은 360킬로미터를 단 하루 만에 달렸다고 해요.

잘 정비된 도로일수록 이동 속도가 빨라진다는 사실을 알려 주는 좋은 예이지요.

지금 유럽 곳곳에 깔린 주요 도로가, 로마 때 만들어진 노선을 따라 포장된 데가 많다고 해요. 로마 시대의 도로가 그만큼 발달했다는 방증이겠지요.

게다가 그 도로들은 석회와 모르타르를 모래나 자갈 등과 섞어 겹겹이 쌓아 튼튼하게 만들었대요. 요즘 도로를 만드는 방법과 비슷해서, 당시 도로 흔적이 아직 남아 있을 정도랍니다.

로마 패망 이후 유럽에는 거의 1000년 동안 큰 도로 건설이 없었어요. 그만큼 로마 도로가 잘 만들어졌다는 증거겠지요.

18세기 프랑스 나폴레옹이 군사용으로 쓰려고 도로 만들기에 힘을 쏟았어요. 이때 만든 도로가 프랑스의 산업과 경제, 교육 등의 발전에 큰 기초가 됐어요. 프랑스를 지금의 강대국으로 만든 건 바로 도로의 힘이었지요.

동양의 경우에는, 중국에서 수레를 최초 사용한 때를 기원전 15~16세기로 추측해요. 그러나 수레의 크기도 제각각이고 도로도 흙길을 넓힌 거라 그 상태가 좋지 않았대요.

기원전 221년에 중국을 통일한 진시황이 전국을 돌아다니다 보니 동네마다 수레 크기가 달라 도로 너비도 제각각이었어요. 좁은 길을 지날 때는 진시황이 수레를 갈아타는 불편을 겪었지요. 황제의 수레는 크니까 그 바퀴의 폭도 넓었기 때문이에요. 이후 진시황은 수레 크기를 통일하고, 중국의 도로망을 정비하는 큰 사업을 벌였어요.

이처럼 동서양을 가리지 않고 강한 나라들은 역사적으로 도로와 밀접한 관련이 있었지요.

우리나라의 도로

우리나라는 고조선 때 수레가 사용되기 시작했어요. 그 뒤로 고구려 때 가장 활발하게 사용되었지요. 두 나라 모두 넓은 평지로 된 만주 지역이 활동 무대였다는 공통점이 있어요.

고구려 고분 벽화에서도 수레는 쉽게 찾아볼 수 있을 정도로 많이 사용되었어요. 그만큼 도로도 발달했어요. 그리고 신라와 백제 역시 도읍지를 중심으로 수레를 많이 사용했습니다.

그러나 조선 시대 들어 도로가 더는 발달하지 못했어요. 산이 많아 수레 이용이 불편해서일 수 있지만, 신라나 백제에 비교하면 그건 이유가 되지 못해요. 도로를 만들려는 국가의 노력이 부족했어요.

조선은 나라를 세우면서 도읍지인 한양에만 수레가 다닐 수 있도록 직선 도로를 만들었어요. 그 뒤로는 새로 도로를 만들지 않았어요. 오히려 도로변에서 장사하거나 집을 지어 사는 사람들이 끊임없이 도로를 침범해서 점점 도로 폭이 좁아지는 상황이었답니다.

장사하는 사람들도 한 번에 물건을 많이 옮기려고, 주로 배를 이용했어요. 그래서 조선 시대에는 배를 만드는 기술과 항구가 발달했어요. 반면에 수레와 도로의 발전은 거의 없었습니다.

1905년 을사늑약 이후, 일본인 데라우치 통감이 우리나라를 본격적으로 침략하기 위해 일본군과 대포 2개가 나란히 다닐 수 있는 넓은 도로와 다리를 만들자고 했어요. 물론 조선 사람들은 반대했지요. 도로가 좁아야 외적이 침략하기 힘들 거로 생각했거든요.

그 뒤 36년의 기나긴 일제 강점기가 지나고 광복을 맞이했어요. 광복 당시 우리나라에는 약 7000대의 자동차가 등록되어 있었다고 해요. 대개 일본인들 소유거나 일본 경찰, 군대에 소속된 차들이에요.

하지만, 자동차가 많아졌다는 사실은 자동차 도로도 그만큼 늘었다는 거예요. 도로는 도시의 발달과 산업과도 연결되어 있고요.

일제는 통감부 아래 '치도국'을 만들어 도로를 만들었어요. 이때 만들어진 도로를 '신작로'라고 불렀어요. 우리나라에서 약탈한 돈으로 중심 도로를 정비하고, 철도를 새로 만들었어요. 우리나라를 군대 기지로 만들고, 우리나라에서 생산되는 농수산물이나 광물 등의 자원을 빼앗아 가기 위해서였죠.

따라서 일본 군대가 이동하고, 빼앗은 물건들을 실어 나를 수단이 필요했지요. 결국 우리나라 발전을 위해 도로를 만들고 정비한 건 아니었지만, 일제가 만든 이 도로들은 우리나라에 처음으로 만들어진 근대적인 도로였어요.

1945년 광복을 맞이하고 5년 뒤 6·25 전쟁이 일어나요. 무려 3년 동안 이어져온 전쟁으로 우리나라는 분단국가가

되었고 폐허가 되었어요. 나라 살림이 어려워 다른 나라들로부터 도움을 받던 가난한 나라였기에 도로 만드는 건 뒷전이었지요.

1960년대에 시작한 '경제 개발 5개년 계획'과 함께 우리나라도 본격적인 산업화에 접어들어요. 그에 발맞춰 자동차 전용 도로를 늘려가기 시작해요. 당연히 자동차로 생산물을 실어 나르기 위해서였죠.

그 결과 2015년 기준 우리나라의 도로를 이으면 모두 10만 7500여 킬로미터에 달해요. 지구 둘레가 약 4만 킬로미터라고 하니, 지구를 두 바퀴 반도 더 돌 수 있는 엄청난 길이에요. 우리 집 앞까지 도로가 깔린 걸 보면 그리 놀랄 일도 아니지요?

03 스스로 가는 수레

"필요는 발명의 어머니다."

인류는 살아오면서 필요에 따라 새로운 걸 끊임없이 만들어냈어요. 바퀴, 수레 등 발명의 원천은 바로 인간이 가진 상상력의 힘이에요.

이를테면, 인간은 하늘을 나는 상상을 했어요. 그 결과 비행기를 만들었어요. 또 밤하늘의 달과 별을 보면서 그곳에 가서 노는 상상을 했지요. 그래서 우주선을 만들어 타고 달나라도 갔어요.

그러면 지금의 자동차처럼, 저절로 가는 수레를 타고 가는 상상은 언제부터 했을까요?

47

자동차를 생각하다

그리스 신화에 보면 신들의 궁전인 올림포스에는 제왕 제우스를 비롯한 으뜸 열두 신이 살았다고 해요. 그 가운데 헤파이스토스는 불과 대장간의 신이었지요.

신화에 따르면, 헤파이스토스는 금으로 만든 바퀴 3개를 단 '트리포도스'라는 탁자를 만들었대요. 이 탁자는 만든 이의 마음을 읽을 수도 있고, 올림포스 신전 어디든지 자기 마음대로 굴러다녔어요.

우리는 여기서 바퀴 달린 탁자가 '자기 마음대로 굴러다녔다'는 대목에 주목해 볼 필요가 있어요. 스스로 굴러다녔다는 것은 곧 오늘날의 자동차와 같은 뜻이겠지요. 게다가 조종하는 사람이 없다는 의미는, 요즘 한창 연구되고 있는 무인 자동차의 개념과 서로 통하는 바가 있어요.

물론 예전에는 인간이 상상하는 모든 일이 '마법'으로 불리며 이루어지곤 했어요. 그러나 현대는 '과학'이 '마법'의 자리를 대신하지요.

그리스 신화는 옛날이야기처럼 옛날 그리스 사람들의 입에서 입으로 전해 내려온 전설 같은 얘기예요.

그 이야기를 당시 그리스 시인인 호메로스가 《일리아드》와 《오디세이》라는 책으로 엮어냈는데, 기원전 300년쯤의 일이에요. 그러니까 인간은 지금으로부터 2300여 년 전보다도 훨씬 이전에, 사람은 물론 소나 말 등의 힘을 빌지 않고도 저절로 움직이는 수레를 상상했답니다.

자동차가 나오기까지

인류 문명이 발달하면서 과학 역시 발달했어요. 예전부터 인간이 막연히 꿈꾸어 왔던 그 상상의 세계가 과학의 발달에 발맞춰 하나씩 하나씩 이루어지기 시작했지요.

이탈리아의 화가이자 건축가인 레오나르도 다빈치는 1482년 수레에 커다란 태엽을 달아 저절로 가는 수레를 상상해서 종이에 설계도를 그렸어요.

게다가 그는 탱크, 비행기 심지어 헬리콥터까지 생각해 냈어요. 생각을 스케치한 정도였고, 실제로 만들어 사용했다는 기록은 없어요. 물론 지금의 탱크나 비행기들과는 생김새부터 매우 달라요.

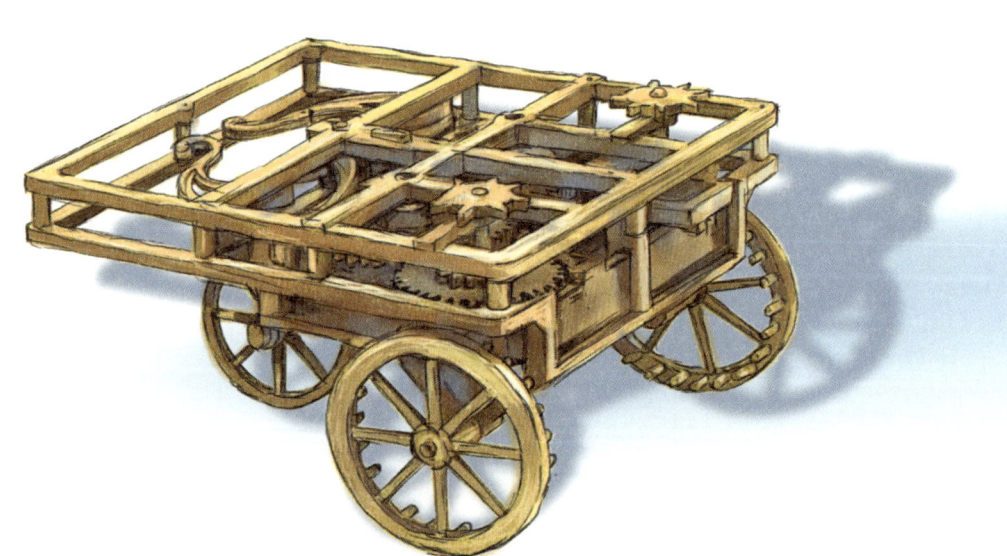

네덜란드 수학자이자 물리학자인 시몬 스테빈은 돛단배에서 힌트를 얻어, 수레에 돛을 달아 바람의 힘으로 움직이는 자동차를 만들었어요. 실제로 1569년, 28명을 태우고 시속 34킬로미터로 달렸다고 해요.

이 풍력 자동차는 바람의 힘으로 가야 하므로 바람이 불지 않거나, 가는 방향과 반대로 불어오는 맞바람이라도 치면 가기 곤란했어요. 주행 중 방향을 바꿀 때 회전 반경이 커서 조종하기에도 어려움이 컸고요. 이런 까닭에 더는 개발되지 않았지요.

바람처럼 외부의 힘 말고, 자동차 자체에서 나오는 힘만으로 자동차가 가도록 만드는 동력이 필요했어요. 하나의 엔진이 탄생하기까지, 그 영광의 뒷면에는 수천 번 아니 수만 번의 실패가 따랐다는 사실이 더 놀라워요. 아마도 인간이 가진 강한 의지 덕택이겠지요.

04 자동차의 탄생

자동차는 '말 없는 마차'로 불렸지만, 사실 마차와 자동차는 달라요. 마차는 말에 이끌려 바퀴가 굴러가며 앞으로 나아가지만, 자동차는 엔진에서 발생한 동력이 바퀴를 회전시켜 타이어가 길바닥을 뒤로 밀어 앞으로 나아가지요.

자동차 바퀴는 동력에 의해 스스로 구를 수 있는 바퀴예요. 마차와 자동차의 모양이 닮았지만, 그 기능을 따져 보면 자동차의 조상은 마차가 아니라 말인 셈이지요. 바퀴의 타이어는 말발굽이고요.

자동차는 차틀과 바퀴의 발전과 더불어 비약적으로 발전했어요. 그 덕분에 사람들은 편리하게 이동하게 되었고, 무역의 발달 등 우리 생활에 커다란 도움을 주었답니다.

증기 기관과 산업 혁명

증기 기관이란 불을 때서 물을 끓일 때 수증기가 팽창하는 힘으로 동력을 만드는 기계예요. 우리가 주전자에 물을 끓일 때, 물이 끓으면 달그락 소리를 내며 주전자 뚜껑이 벗겨질 듯이 들썩들썩하지요. 바로 수증기가 뚜껑을 밀어 올리는 거예요.

영국의 기술자 토머스 뉴커먼은 1712년, 실린더와 피스톤을 사용한 배수용 증기 기관을 개발했어요. 석탄을 캘 때 굴에 지하수가 고이는데, 증기 펌프를 만들어 그 물을 빼내는 데 사용했지요.

"이 증기 기관을 수레에 장착하면 어떨까? 그럼 저절로 가겠지?"

1769년, 프랑스 포병 장교로 근무하던 니콜라스 조제프 퀴뇨가 최초로 증기 기관이 달린 자동차를 만들었어요. 대포를 실어 나르려고요. 바퀴가 3개 달린 이 차로 1.6킬로미터를 갔는데, 최고 속도는 시속 3.6킬로미터였어요. 사람이 걷는 속도와 비슷했어요.

무거운 증기 엔진을 장착한 탓에 작동이 쉽지 않았고, 브레이크도 없어 파리 교외에서 사고를 냈다고 해요. 그래서 이 자동차는 교통사고를 낸 첫 자동차로 기록되어 있답니다.

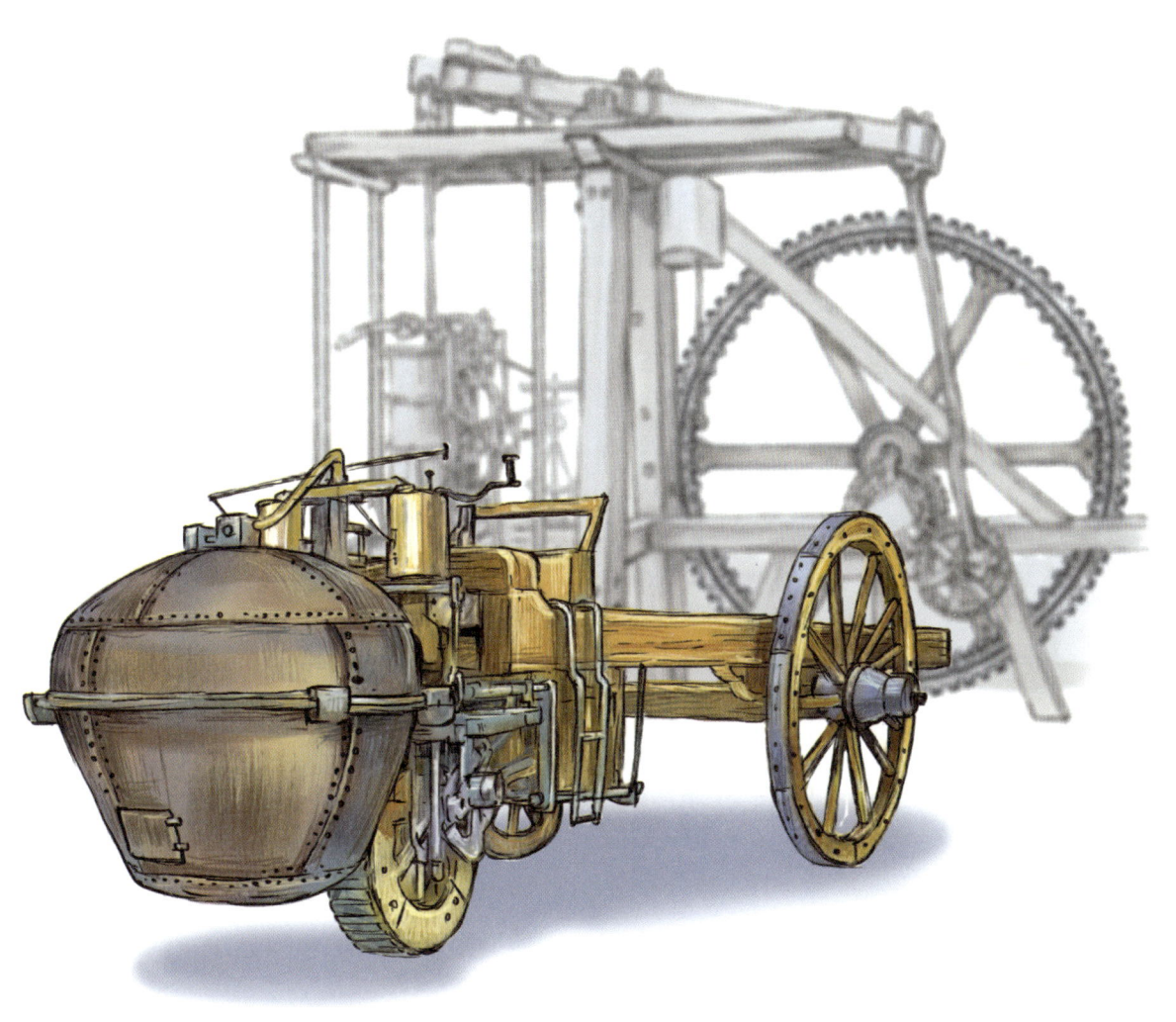

비슷한 시기에 영국의 기계 기술사 제임스 와트가 석탄을 적게 쓰면서도 성능이 뛰어난 엔진을 만들었어요. 이 최고의 증기 기관 덕분에 기계들은 공장에서 물건을 대량으로 만들어내기 시작했지요.

이전에는 대부분의 제품을 사람이 손으로 일일이 작업했기 때문에 하루에 일정량만 생산했어요. 그러나 기계를 만들어 사용하면서 생산량이 2배, 3배로 늘어나기 시작했습니다.

옷에 관련한 예를 들면, 예전에는 사람이 직접 목화를 따고, 실을 잣고, 그 실로 옷감을 짰어요. 그런데 실 잣는 기계에 증기 기관을 달았더니, 사람보다 300~400배나 많이 실을 뽑아냈지요.

옷감을 짜는 기계도 역시 엄청난 생산량을 자랑했어요. 당시 기계의 동력은 풍차나 물레방아를 이용했기 때문에, 바람이 많이 불거나 공장 옆에 반드시 물이 흘러야 했어요.

그런데 증기 기관 덕분에 아무 데나 공장을 세울 수 있었어요. 바람과 물이 없어도 상관없었지요. 단지 석탄만 옮겨다 불을 때면 돼요.

이때부터 상품이 대량 생산되기 시작해요. 공장에서 많은 양의 제품이 만들어지니까, 그걸 내다 파는 공장이나 판매점의 사장들은 이익이 늘어 큰 부자가 되었어요. 또 이렇게 대량 생산된 물건들을 실어 나르기 위해 배나 철도 등의 교통수단도 덩달아 발달했습니다.

이로써 사람들이 일자리를 찾아 공장 근처로 모여들면서 도시가 탄생하는 등 산업 전반에 걸쳐 큰 사회적 변화를 맞게 돼요. 우리는 이것을 가리켜 '산업 혁명'이라고 불러요. 모든 산업이 갑자기 새롭게 변한 거예요.

이때부터 "시간은 돈"이라는 인식이 생겨나요. 자본주의가 싹트기 시작한 시기라고 볼 수 있어요.

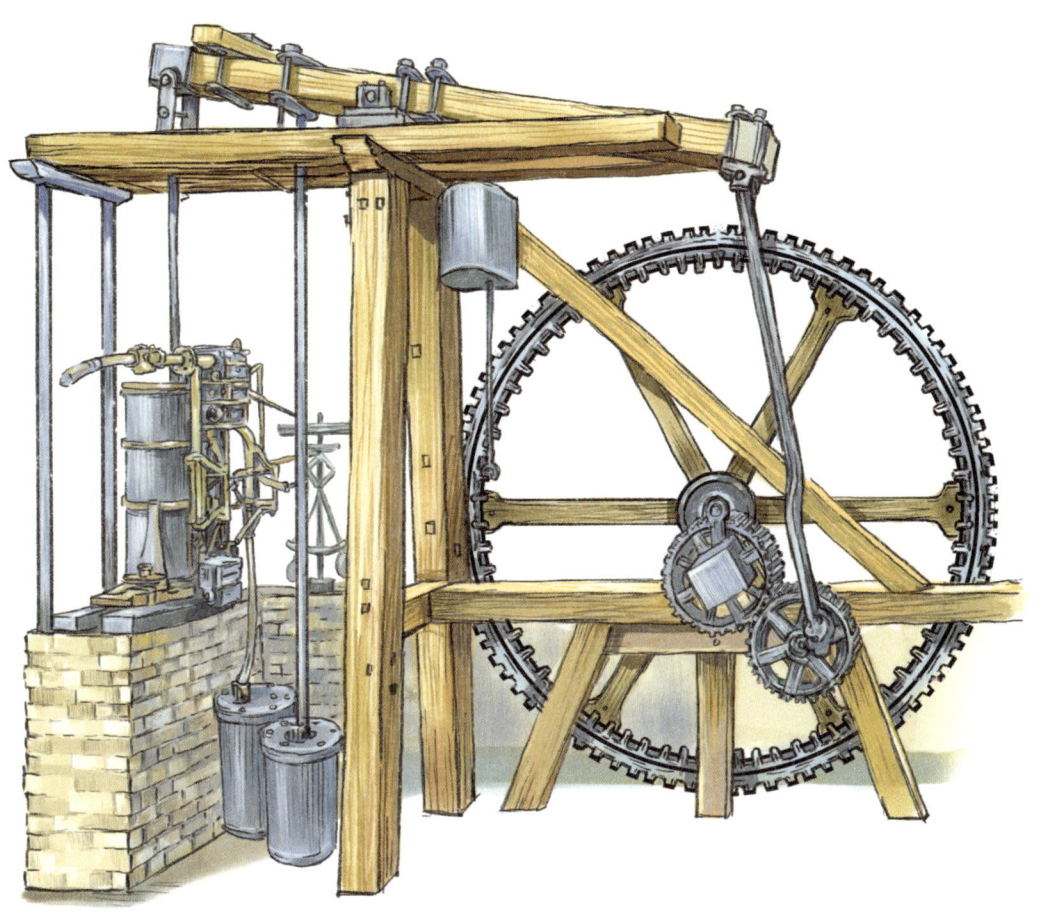

친환경 전기 자동차

1831년 영국의 물리학자 패러데이가 전자기 유도를 발견하면서부터 전동기에 관한 연구가 시작되었어요. 이듬해인 1832년 영국 스코틀랜드의 발명가 로버트 앤더슨이 마차에 모터(전동기)를 달아 전기로 가는 자동차를 만들었지요. 전기 자동차의 시초예요.

요즘 전기 자동차는 친환경 자동차로 주목받고 있지만, 당시에는 친환경이라는 말은 별로 매력이 없었나 봐요. 많은 사람에게 주목받지 못했어요.

예전부터 전기 자동차는 소음도 없고, 배기가스 냄새도 없고, 시동을 걸어도 진동이 거의 없는 이상적인 차였어요. 게다가 변속기도 없어서 속도를 조정하기도 편했지요. 그런데도 몇 가지 문제점이 있었어요.

당시에는 전기를 저장하는 기술이 발달하지 못했어요. 그래서 축전지가 크기만 큰 데다, 무게 또한 무거웠어요. 자동차가 빠르게 달리려면, 되도록 작고 가벼운 축전지가 필요했지요.

요즘 생산되는 전기 자동차도 더 작고, 더 가볍고 더 많은 전기를 담아둘 수 있는 축전지를 만들려고 예전과 똑같이 고민하고 있답니다.

축전지도 문제였지만, 1900년 즈음에는 도시를 제외하고 전기가 보급되지 않은 게 더 큰 문제였어요. 도시 밖으로 나가면 충전할 수 없으니 도시 안에서만 다니곤 했지요.

그래서 장거리를 운행할 방법을 생각했어요. 바로 전기를 계속 공급받을 수 있는 전깃줄을 공중에 설치하는 거예요. 전차(電車)를 생각하면 쉬워요.

    우리나라도 1899년부터 서울의 서대문과 청량리를 오가는 전차가 있었어요. 1969년 전차가 모두 폐기될 때까지, 당시를 배경으로 한 영화나 TV 드라마를 보면 가끔 전차가 다니는 서울 시내 풍경을 볼 수 있어요.

    마치 버스처럼 생겼는데, 지붕 위에 달린 쇠로 만든 작대기 같은 걸 전선에 걸쳐놓고 가지요. 물론 길을 잘못 가면 큰일이 나니까 도로 아래 철길처럼 좁은 궤도를 설치했어요.

    이처럼 초창기에 나온 전기차도 전깃줄만 이어진 곳이라면 어디나

갈 수 있었죠. 그런데 도로를 따라 동네 구석구석까지 설치하려면 돈이 너무 많이 들었어요. 하는 수 없이 동네 상점에 전기 충전소를 설치하는 방법밖에 없었지요.

1910년대는 전기 자동차 전성기였어요. 그 충전소 수도 많아졌지요. 그래서 미국은 도시 곳곳에 전기 자동차를 위한 충전소가 늘어나게 되었어요.

사실 1900년대는 자동차 전성시대였어요. 미국의 경우를 보면, 전체 자동차 가운데 증기 자동차 40%, 전기 자동차가 38% 그리고 22%만이 가솔린 자동차였어요. 나머지 10%는 나프타류 자동차, 압축 공기 자동차, 아세틸렌 자동차 등이 차지했지요.

특히 1901년 뉴욕의 자동차에 대한 조사에 따르면, 전기 자동차 50%, 증기 자동차가 30% 그리고 나머지 20%는 가솔린 자동차 등이 차지했어요. 뉴욕시 자동차의 절반이 전기 자동차였다는 말이에요.

그리고 1912년 미국은 전기 자동차 전성기였어요. 미국에서 자동차 만드는 회사가 모두 20개였는데, 모두 3만 3482대의 전기 자동차를 생산했어요. 그만큼 전기 자동차가 인기 있었답니다.

전기 자동차는 운전하기 쉽고, 고장도 잘 나지 않고 게다가 소음이 적다는 이유로 여성들에게 적합하다고 여겼어요. 반대로 남성들은 복잡한 기계 장치를 만지며, 진동과 소음이 큰 가솔린 자동차를 운전하는 걸 즐겼다고 해요.

당시 도시는 전기 사정이 나은 편이었지만, 도시를 벗어나면 그렇지 못해 장거리 주행은 불가능했지요. 이 점이 전기 자동차에 가장 큰 걸림돌이 되었어요. 이런 이유로 마침내 자동차 시장의 주도권은 가솔린 자동차에 넘어가게 돼요.

'MY CAR', 가솔린 자동차

불이 한순간 엄청난 힘을 낼 때가 있어요. 바로 폭발할 때예요. '폭발' 하면 제일 먼저 화약이 생각나지요? 화약은 7세기 중국 당나라 때부터 만들어 썼대요. 세계 최초로요.

사람들은 화약이 폭발할 때처럼, 불이 터질 때 나는 강력한 힘을 이용하려고 했어요. 1680년에 네덜란드의 물리학자 크리스티안 하위헌스는 화약을 폭발시켜 그 힘으로 움직이는 장치를 설계했다고 해요. 물론 실제로 만들지는 않았어요.

프랑스 발명가 에티엔 르누아르는 1860년에 전기 불꽃(스파크)으로 석탄 가스를 터지게 하는 장치로 엔진을 만들었어요. 그는 3년 동안의 연구 끝에 액체 연료를 쓰는 엔진을 개발해서 마차에 장착한 자동차로 주행에 성공했지요.

　이때쯤 유럽 곳곳에서 이런 새로운 기관을 단 자동차들이 출현하기 시작해요. 1867년 프랑스 만국 박람회에 독일의 니콜라우스 오토가 만든 가솔린 엔진이 선보였어요. 1886년, 독일의 카를 벤츠가 3바퀴짜리 가솔린 자동차 특허를 냈지요. 또 고틀리에프 다임러는 같은 해에 4바퀴가 달린 가솔린 자동차를 만들었어요.

　이 두 사람이 가솔린 자동차를 세계 최초로 만든 건 아니에요. 비슷한 시기에 이탈리아나 영국 그리고 미국 등의 나라에서도 가솔린 자동차들이 나타나기 시작했어요.

미국의 경우 당시 보통 자동차의 가격이 2천 달러를 넘을 만큼 비쌌기 때문에, 자동차는 부자만 타고 다닐 수 있는 일종의 사치품이었어요.

　1908년, '자동차 왕'으로 불리는 미국의 헨리 포드가 세계 최초의 대중차 T형 포드 자동차를 만들기 시작했어요. 이전 차보다 더 싼 가격에 많이 만들어 많은 사람이 자동차를 타게 되면서 자동차 시대가 열리지요. 어떻게 그럴 수 있었을까요?

　포드는 좀 더 싼 자동차를 만들기 위해 많은 부품을 간단하게 줄이고, 또 한꺼번에 자동차를 많이 만들기로 했어요. 그 방법으로 '컨베이어 벨트'를 사용했어요.

　컨베이어 벨트는, 폭이 넓은 띠를 양쪽 원통에 팽팽하게 끼우고, 원통을 돌리면 벨트가 움직이게 만든 장치예요. 벨트 위에 물건을 얹은 채 원통을 돌리면, 이쪽 끝에 있는 물체가 저쪽 끝으로 이동하게 되지요. 일종의 자동차 제작 과정을 자동화했다고도 볼 수 있답니다.

이렇게 자동차를 만들다 보니, 약 1시간 30분 만에 자동차 1대를 만들 수 있었대요. 그래서 1년에 1만 대를 만들어 팔았다고 해요. 1911년에는 3만 대를, 1913년에는 10만 대를 넘게 만들었어요. 그 뒤로 모두 1500만 대를 생산해서, 지구에 돌아다니는 자동차 가운데 100대 중 68대가 이 포드 T형 자동차였대요.

이 컨베이어 벨트 방식이 얼마나 대단한 방법인지, 요즘도 자동차 공장에서 이 방법으로 자동차를 만들어내고 있어요.

이렇게 포드가 T형 자동차를 대량 생산에 성공하면서, 자동차의 가격도 내려가기 시작했어요. 1920년대에는 T형 자동차 1대 가격이 300달러 선까지 내려갔지요.

싼 가격 덕분에 부자만 타고 다니던 자동차를 부자가 아닌 사람도 살 수 있게 되었어요. 드디어 '마이 카(my car, 내 차)' 시대가 열린 셈이지요.

1900년대까지만 해도 가솔린 자동차는 전기 자동차나 증기 자동차보다 인기가 없었어요. 소음도 심했고, 배기가스도 엄청났지요. 게다가 초창기에 나온 가솔린 자동차는 조작하기도 복잡하고 어려웠던 게 사실이에요.

그런데, 가솔린 자동차의 시끄러운 엔진 소리와 내뿜은 배기가스가 강한 기계라는 인식을 주었나 봐요. 나약한 인간이 그 강하고 거친 기계를 몰고 바람을 가르며 달리는 고속의 매력에 빠졌지요.

이 차를 타고 다니면, 마치 미지의 세계를 찾아 모험을 즐기는 느낌도 함께 들었다고 해요. 심지어 도로 위에 널려 있는 교통사고의 위험과 초기 제작부터 문제가 되었던 기계 고장의 어려움 등을 스스로 극복해야 했는데도 말이지요.

이런 과정들이 인간에게 행복감을 주었다고 해요. 마치 '영웅이 되기 위한 모험'의 일부로 여긴 셈이지요.

결정적으로 1910년대로 접어들면서, 가솔린 자동차를 대량 생산하면서 가격을 파격적으로 낮춘 덕택에 가솔린 자동차가 증기나 전기 자동차보다 훨씬 많이 팔리게 되었어요.

 **그림으로 보는 자동차 구조와 기능**

❶ **프레임**
자동차의 뼈대.

❷ **동력 발생 장치 : 엔진**
자동차에 동력을 공급하는 기관. 연료를 폭발시켜, 그 힘으로 피스톤을 움직여요. 열에너지를 기계적 에너지로 바꾸는 기관.

❸ **동력 전달 장치**
바퀴가 구르도록 엔진의 힘을 전달하는 장치.

❹ **조향 장치**
자동차의 진행 방향을 바꾸기 위하여 앞바퀴의 회전축 방향을 조절하는 장치. 핸들이라 부르는 운전대와 연결되어 있어 조종하기 쉬워요.

❺ **제동 장치 : 브레이크**
달리는 자동차를 멈추게 하는 장치.

❻ **현가장치 : 서스펜션**
울퉁불퉁한 길을 갈 때, 차가 덜컹거리지 않도록 바퀴에 전해지는 충격이나 진동을 흡수하는 장치.

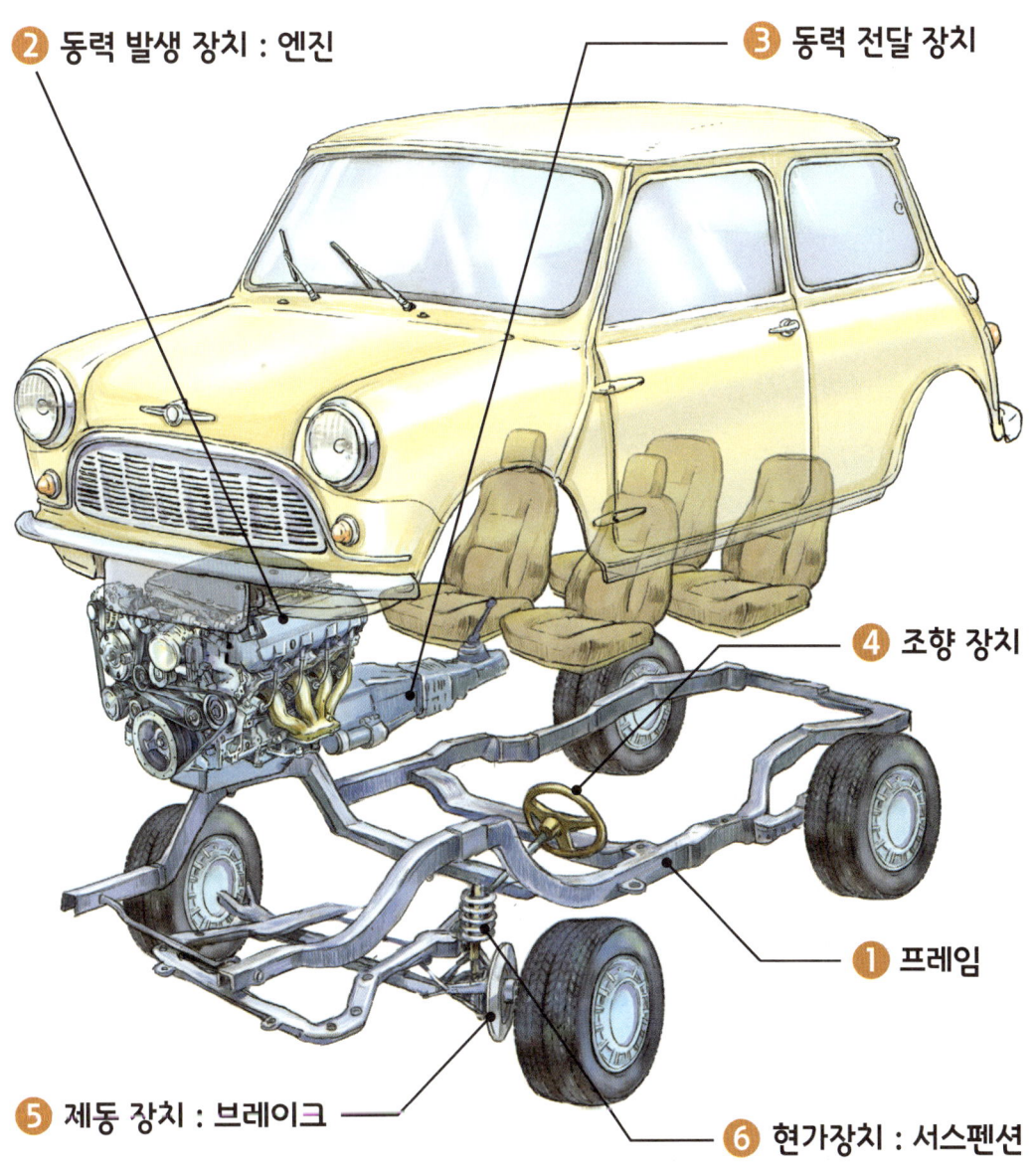

05 우리나라 자동차

 이제는 그 수를 헤아리기 어려울 만큼 많아진 자동차! 하지만 우리나라에서 자동차를 직접 만들기 시작한 것은 이제 겨우 60여 년 정도밖에는 되지 않았답니다. 그런데도 우리나라는 현재 세계에서 여섯 번째로 많은 차를 생산하는 자동차 강국이에요. 짧은 기간 우리는 어떻게 자동차 강국이 되었을까요? 또 자동차로 우리의 삶은 어떻게 변화했을까요?

우리나라 최초의 자동차

1950년, 우리나라는 6·25 전쟁을 겪어야만 했어요. 1953년 휴전이 되긴 했지만, 우리나라는 전쟁으로 모든 것이 황폐해진 상태였어요.

여기저기에 전쟁에서 부서진 미군 차를 비롯해 일제 강점기 때 쓰던 폐차까지 다양한 자동차 쓰레기가 많았지요. 이 폐품들을 모아 몇몇 사람이 뭉쳐 서울 을지로 천막 안에서 자동차를 만들기 시작했어요.

부품은 거의 재활용하는 수준이었고, 차체도 미군들이 기름을 담을 때 쓰는 드럼통을 가져다가 자르고, 망치로 두드려 펴서 만들었대요.

드디어 1955년, 우리나라 최초의 자동차가 탄생했어요. 처음 시(始), 필 발(發)이란 한자를 붙여서 '시발 자동차'로 이름 붙였어요. 처음으로 시작했다는 뜻이지요.

　당시 미군들이 타고 다니던 지프 자동차를 모델로 삼았기 때문에, 시발 자동차는 지프를 닮았어요. 돈 많은 사람에게 인기가 있었고, 특히 택시로 인기가 높아 '시발택시'로 더 알려졌어요. 1963년까지 약 3000대가 생산되었어요.

　1962년, '새나라 자동차공업주식회사'에서 일본 닛산 자동차 부품을 들여와 조립해 만든 '새나라 자동차'가 나오면서 시발 자동차는 경쟁에 밀려 사라지게 돼요.

고속 도로와 경제 발전

자동차가 늘어나고, 산업화가 급격하게 이루어지면서 우리나라 곳곳을 이어줄 도로가 필요했어요. 특히 차들이 빨리 다닐 수 있는 넓고 곧은 차 전용 도로, 즉 고속 도로가 필요했죠. 고속 도로는 대도시와 산업 도시, 항만, 공항 등 정치·경제·문화에 중요한 지역을 연결하는 길 가운데 가장 큰 길이에요.

우리나라 최초의 고속 도로는 1968년 12월에 개통한 서울과 인천 사이를 잇는 경인 고속 도로예요. 일반 도로를 이용하면 1시간 이상 걸리던 것을 18분으로 단축해 빠른 수출입으로 우리나라 공업이 발전하는 데 큰 힘이 되었어요.

경인 고속 도로에 이어 우리나라에서 가장 긴 고속 도로인 경부 고속 도로가 1970년에 개통됐어요. 서울과 대전, 대구, 부산을 잇는 총 길이 약 416킬로미터의 경부 고속 국도는 우리나라의 중심 도로로 수많은 도로와 이어져 전국 곳곳으로 편리하게 이동하게 하고, 인천항, 부산항 등과도 연결되어 세계로 이어지기도 해요.

특히 경부 고속 도로 덕분에 우리나라도 '일일생활권'이 되었어요. 일일생활권이란 하루에 볼일을 마치고 되돌아올 수 있는 거리 안에 있는 범위를 가리켜요. 즉 서울 사는 사람이 부산에 가서 볼일을 보고 그날로 되돌아올 수 있다는 말이지요.

고속 도로 덕분에 우리나라는 산업화에 가속도가 붙기 시작해요. '한강의 기적'이라고 불릴 정도로, 세계에서도 찾아보기 힘들 정도로 엄청난 경제 성장을 이뤄냈지요. 그만큼 도로는 산업과 밀접한 관계가 있어요.

소형 화물일 경우나 운송 거리가 비교적 짧은 경우에 자동차를 이용하면 기차, 배, 항공기를 이용할 때보다 운송 비용이 적게 들어요. 한마디로 경제적이지요. 게다가 언제 어디서든 바로 출발할 수 있고, 택배처럼 원하는 목적지까지 실어다 줄 수 있어서 좋아요.

그러나 대형 화물이나 거리가 먼 경우에는 연료비 증가라든가 교통

혼잡 등으로 돈이 많이 들지요. 그래서 중·장거리 수송에는 기차를, 장거리 대형 화물 수송에는 주로 배를 이용하고 있어요.

해외에서 화물을 배로 가져와서 항구에 내려놓아요. 그러면 화물을 특성별로 나누어 기차나 자동차로 운송하게 된답니다. 한편 비행기는 빠르다는 장점이 있어요. 먼 거리를 갈 때 유리하겠지요. 하지만 운송 비용이 많이 들기 때문에 주로 관광객을 포함한 여행객 수송에 이용되지요. 반도체처럼 비싸고 부가 가치가 높은 상품들도 비행기로 실어 나르고 있어요.

자동차의 좋은 점을 잘 살리기 위해 우리나라에서 제일 큰 부산항까지 경부 고속 도로를 만들었던 거예요. 부산항에서 서울까지 더욱 빨리 화물을 가져오도록 말이에요.

자동차 강국 대한민국

경부 고속 도로는 또한 우리나라의 자동차 산업이 성장할 토대가 되었어요. 드디어 우리나라 기술로 제작한 자동차도 나오게 돼요.

1975년, 현대 자동차에서 '포니'라는 고유 모델을 만들었어요. 당시 아시아에서 일본 다음으로 두 번째, 세계에서 16번째로 고유 모델 자동차를 만든 나라가 되었지요.

이후 한국 자동차는 발전을 거듭해, 2016년 기준 1년에 423만여 대를 만드는, 전 세계 자동차 생산 6위국이자 수출 5위국으로 자리매김했습니다.

2017년 6월, 우리나라에 등록된 자동차가 모두 2200만 대를 넘었어요. 국민 2.33명당 자동차 1대씩, 집집이 1대 이상씩 자동차를 가지고 있는 셈이에요. 등록 대수로만 세계 16위예요.

그 덕분에 오늘날 우리는 주말이면 자가용을 타고 마트도 가고, 친인척 방문이나 가족 여행도 쉽게 할 수 있게 되었어요. 이 모두가 자동차가 가져다준 우리 생활의 변화랍니다.

06 자동차에 관한 불편한 진실

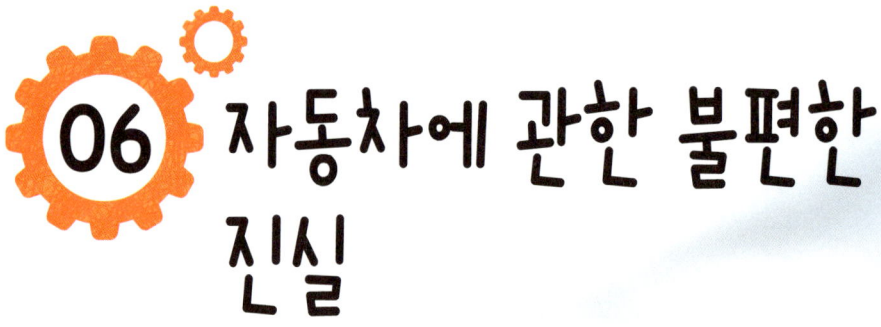

　자동차, 기차, 비행기, 배 등 교통수단의 발달은 우리 삶에 많은 영향을 끼쳐 왔어요. 우리나라 곳곳은 물론 세계 곳곳을 편리하게 방문하고 이동할 수 있게 되었어요. 또한 많은 양의 물자를 다양한 지역과 교환하게 해 상업과 무역이 발달하게 했지요.

　그런데 과연 자동차가 우리의 삶에 도움만 주었을까요? 불편을 주고 해를 끼치는 건 없을까요? 우리가 냉정하게 한번쯤 짚고 넘어가야 할 문제예요.

걷는 속도의 자동차

자동차는 먼 거리를 더욱 빠르게 갈 수 있어 편리해요. 정말 그럴까요?

오스트리아의 철학자 이반 일리치는 이 문제에 관해 연구했어요. 인간이 현대 문명이 발달한 만큼 편하게 또 여유롭게 살고 있는지 궁금했기 때문이에요. 작업이나 이동하는 데 속도가 빨라졌다면, 일하는 시간도 줄 테고, 그만큼 인간은 일찍 집으로 돌아와서 편하고 여유로운 삶을 사는 게 맞거든요.

그런데 사실 그렇지 않았죠. 현대인은 시간에 더 쫓기고, 더 여유가 없어요. 왜 그럴까요?

일리치는 문명이 발달하지 않은 옛날과 현대의 이동 속도를 비교했어요. 옛날 사람들은 시속 4.5킬로미터 정도로 걸어서 이동했어요. 걷는 시간은 하루 활동 시간의 5% 정도였죠.

이와 달리 도시에 사는 사람들은 하루 활동 시간 중 22%를 이동하는 데 써요. 자동차까지 걷는 시간, 차에 앉아 있는 시간, 자동차세 내러 가는 시간, 차를 수리하는 데 드는 시간, 교통 혼잡으로 허비하는 시간 등을 모두 포함해 보니 약 시속 6킬로미터로 움직였죠.

결국 옛날 사람보다 시속 1.5킬로미터 정도 더 빠른 셈이에요. 별 차이 없죠? 비싼 돈을 들여 자동차를 사지만, 이런 관점에서 본다면 막상 그 효과는 별로 보지 못한다는 사실이 우습지 않나요?

예를 들면, 자동차가 나오기 전 우리 선조들의 삶을 떠올리면 쉽게 이해가 가요. 농사짓는 사람은 대개 일터인 논이나 밭이 집에서 가까운 데 있어요. 걸어서 5~10분 정도면 일터에 닿지요.

하지만, 현대인들은 그렇지 않아요. 출퇴근하는 데 하루에 많은 시간을 소비한답니다. 자동차 때문에 생긴 웃지 못할 현실이에요.

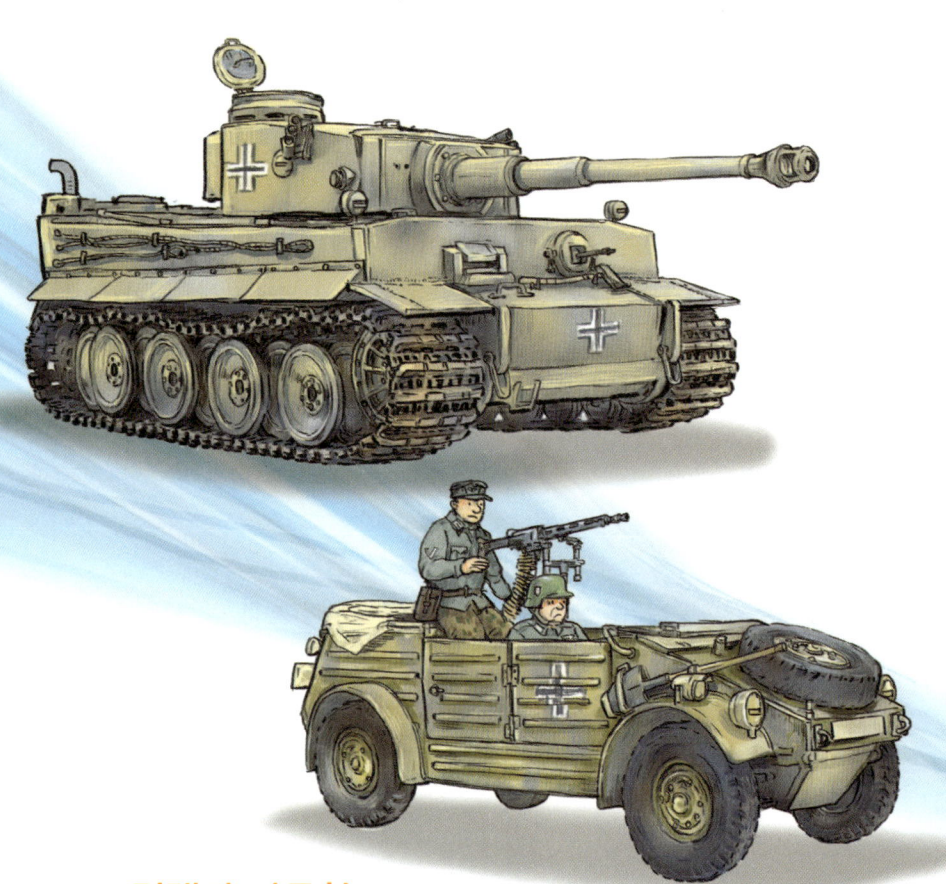

전쟁과 자동차

독일의 유명한 자동차 전용 고속 도로 아우토반은 사실 1933년 1월 총리가 된 아돌프 히틀러가 실업자 구제와 병력·물자 수송력을 강화하려는 목적으로 건설했어요. 아우토반은 제2차 세계 대전 뒤 독일 경제 회복의 든든한 밑거름이 됐고, 그것을 기반으로 독일의 많은 자동차 회사들이 성장했죠.

유명한 미국의 포드사도 제2차 세계 대전 때 성장했답니다. 사륜구동 방식의 '지프'는 미군이 험한 지형에서도 주행하기 쉽게 개발한 군대용 차량이에요.

일본은 6·25 전쟁 때 큰 기회를 얻었어요. 미국은 전쟁 물자 운반을 위해 일본 도요타에 기술을 제공하고 차량을 납품받았어요. 이를 계기로 도요타는 세계적 자동차 회사로 성장하게 되었지요.

전쟁은 무엇보다 자동차 기술을 급속도로 발전시켰어요. 자동차에 탔을 때 우리의 생명을 지켜 주는 안전띠와 가벼운 알루미늄 차체 등도 그때 개발되었답니다.

정부는 자동차편

자동차는 우리 생활을 획기적으로 바꾸어 놓은 발명품이에요. 사람이나 물건이나 이동하기 수월한 건 마찬가지이죠. 그래서 정부의 교통을 담당하는 부서에서는 "이동성이 좋아졌다"고 생각했어요. 그래서 자동차의 속도와 그 편리함에 빠져 버린 현대인들을 위해 끊임없이 자동차를 위한 교통 정책을 펴왔어요.

날이 갈수록 자동차 도로와 주차 공간이 늘어나는 바람에 보행자를 위한 안전한 공간, 어린이들이 뛰어놀 공간, 조용해야 하는 주거 공간이 그 자리를 빼앗기는 꼴이 되었어요.

결국 자동차의 편리함을 누리기 위해, 마땅히 인간이 기본적으로 누려야 할 양질의 삶을 포기하는 거라고 볼 수 있어요.

자동차는 사고뭉치

사실 자동차는 교통사고를 일으키고, 유해 배기가스와 소음으로 환경을 오염시키고, 차량 정체로 사회적·경제적 손실을 초래하는 사고뭉치예요.

우리나라에서는 한 해 평균 23만여 건의 교통사고가 발생해요. 그 가운데 약 4500명 정도가 안타깝게도 목숨을 잃지요. 인구 10만 명당 교통사고 사망자 수는 9.4명으로 경제 협력 개발 기구(OECD) 회원국 평균(5.3명)보다 1.8배가 높으며 34개 회원국 중 세 번째로 높은 수준이에요. 특히 어린이 교통사고도 약 1만 2천 건에 달해요.

　2015년 9월에, 독일 막스 플랑크 화학 연구소 등에서 대기 오염에 관해 공동 연구한 논문 한 편이 과학 전문 잡지 <네이처>에 실렸어요. 그 논문에 따르면, 대기 오염으로 죽는 사람이 해마다 전 세계에서 329만 7000명에 달한나고 해요.

　자동차 선진국의 경우 자동차 배기가스 사망자는 전체 대기 오염 사망자의 20%에 달한다고 해요. 우리나라도 여기에 해당하지요.

   자동차가 달릴 때 나는 소음도 문제예요. 소음은 우리 호르몬 분비에 영향을 끼쳐요. 호르몬 분비에 이상이 생기면, 몸의 균형이 깨지면서 당뇨, 비만, 골다공증 등의 질병이 발생해요.

   보통 자연에 있는 시골집은 30~35데시벨 정도 수준으로 사람이 깊이 잠들 수 있어요. 하지만 밤낮으로 달리는 도로에서 200미터 떨어진 집은 밤에도 60데시벨을 웃돌아요. 소음 때문에 깊은 잠을 잘 수 없을 정도지요.

   따라서 도로변은 사람이 살기에 좋지 않은 환경이에요. 그런데도 정부는 조용한 주거 공간 바로 옆에 도로를 만들고 있어요. 우리가 이해하기 어려운 부분이에요.

자동차가 늘어나면서 차량 정체 현상도 심각해요. OECD에 따르면, 우리나라 '교통 혼잡 비용'이 2015년 기준 21조 2929억 원이라고 해요. 교통 혼잡 비용은 시간 손실과 차량 운영 비용 등을 종합적으로 따진 결과예요. 이는 우리나라 국내 총생산(GDP)의 2.16%(2015년)에 해당할 만큼 큰돈이랍니다.

교통 혼잡을 줄이겠다고 새 도로를 만들어도 형편은 나아지지 않아요. 오히려 새 도로를 건설할 때 주위의 자연과 함께 생태계도 파괴된답니다. 한번 망가진 생태계를 복원하려면, 도로를 건설할 때 드는 비용과 시간의 몇 배가 더 들어요. 결국 이 모든 비용은 국민이 낸 세금으로 물어야 한답니다.

07 자동차의 미래

　자동차가 우리 인류 문명의 발전에 큰 영향을 준 건 사실이에요. 그러면 미래에는 어떻게 변해 어떤 모습으로 인류 문명을 변화시킬까요?

　물론 자동차가 안고 있는 단점들부터 고쳐 나가는 게 순서일 거예요. 제일 먼저 배기가스, 소음, 교통사고 등 자동차가 우리에게 주는 해로운 문제부터 해결해야겠지요.

　산업계에서 쓰는 '융·복합 기술'이라는 말이 있어요. 성질이 다른 걸 합친다는 거예요. 자동차를 편리한 도구로 기능적 측면에서 볼 때, 다른 교통이나 통신수단 등과 합쳐진 새로운 차원의 도구로 개발이 이어질 것으로 내다봐요.

친환경 자동차

지구 온난화는 전 지구적 문제이므로 온실가스 배출의 주범인 화석 연료의 사용을 자제하자는 움직임이 있어요. '유엔 기후 변화 협약'도 한 예이지요. 이 협약은 이산화탄소를 비롯한 온실가스의 방출을 제한해 지구 온난화를 방지하기 위해 세계 각국이 동의한 협약으로 우리나라는 1993년에 가입하고, 2030년까지 탄소 배출을 37% 줄이겠다고 약속했답니다.

앞으로는 온실가스를 배출하지 않는 새로운 에너지가 필요해요. 그래서 태양광, 수소 등 기존의 에너지를 대신할 친환경 에너지가 새롭게 떠오르고 있지요.

　자동차를 예로 들면, 전기 자동차는 휘발유나 경유 같은 화석 연료 대신 전기 에너지를 사용하기 때문에 배기가스가 전혀 없어요. 게다가 소음도 거의 없다는 장점이 있어요. 이와 비슷한 태양광 자동차나 수소 자동차 등도 연구되고 있지요.

　자동차 회사마다 친환경 자동차에 관심을 두고 적극적으로 연구하고 또 시험 주행까지 하고 있어요. 인체에 해로운 배기가스를 내뿜지 않고도 도로를 씽씽 달리는 자동차가 하루빨리 나왔으면 좋겠죠?

무인 자동차

요즘 자동차 개발 분야에서 가장 경쟁이 뜨거운 부분은 무인 자동차 개발이랍니다. 무인 자동차는 사람이 직접 운전하지 않아도 되는 자동차를 말해요. 스스로 움직이는 자동차로 자율 주행 자동차라고도 해요.

세계 최대의 인터넷 검색 서비스 기업 구글은 오는 2020년 상용화를 목표로 무인 자동차를 개발하고 있어요. 자동차 업계에서는 2035년쯤에는 자동차의 약 75%가 무인 자동차로 바뀔 거라고 전망하고 있답니다.

그런데 왜 자동차 회사가 아닌 컴퓨터 관련 회사들이 이 분야에 뛰어들까요? 그 이유는 무인 자동차의 핵심이 인공 지능 컴퓨터이기 때문이에요. 인공 지능이 무인 자동차의 안전한 주행을 가능하게 만들지요.

무인 자동차를 개발하는 회사들은 수년에 걸쳐 보행자나 자동차들 그리고 교통에 관련된 정보들을 저장하는 작업을 진행하고 있어요. 이 정보를 바탕으로 판단하는 무인 자동차는 더욱 안전한 주행을 가능하게 한답니다.

실제로 미국에서 구글이 시험 운행 중인 무인 자동차는 안전한 편이에요. 시험 중 사고의 대부분은 인간이 판단해서 수동으로 조작해 일어난 사고였다고 해요. 이 사실에 힘입어, 무인 자동차로 바뀌면 교통사고 사망자가 90% 이상 줄 거라고 내다보고 있어요.

미국의 시사 주간지 <애틀랜틱>은 무인 자동차의 등장을 인류 역사에서 백신의 발명에 빗댈 만큼 좋게 평가했습니다.

우리나라를 비롯한 세계 각국에서, 성능이 향상된 새로운 무인 자동차를 개발했다는 뉴스를 TV에서 종종 접하곤 하죠? 그만큼 무인 자동차 시대에 가까이 다가섰다는 증거겠지요.

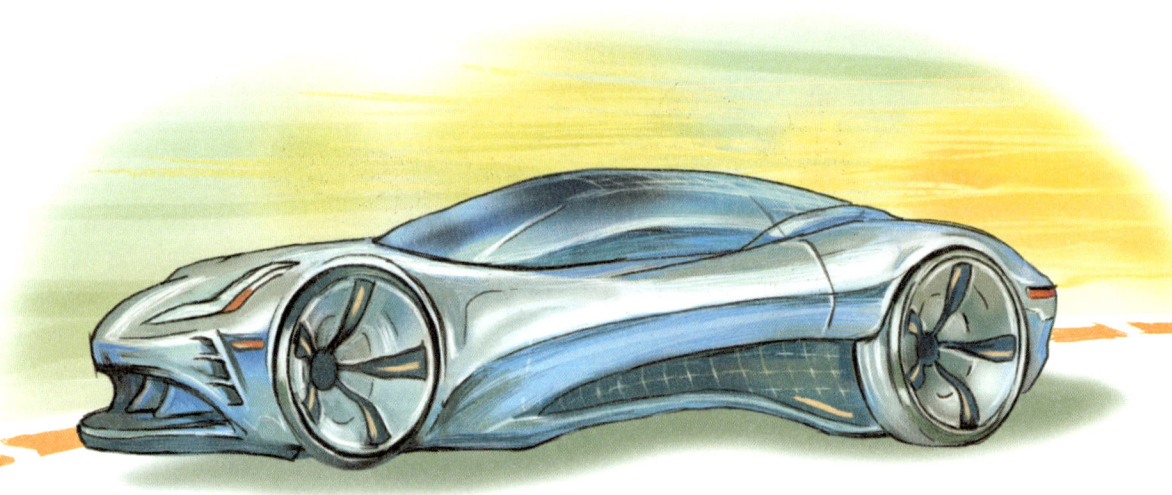

만약 무인 자동차가 나온다면, 우리 어린이들도 혼자 자동차를 타고 목적지까지 갈 수 있을 거예요. 또 도로에서 부르면 강아지처럼 우리 앞까지 와서 차 문을 열고 대기하는 자동차도 나오지 않을까요?

그러나 무인 자동차는 아직 풀어야 할 숙제가 많아요. 컴퓨터 기술이 자동차의 중요한 부분이니만큼 '해킹'에서 자유롭지 못해요. 무인 자동차가 자칫 해킹이라도 당하면 범죄에 악용되어 나쁜 결과를 가져올 수도 있어요.

또한 낭떠러지 같은 외길을 주행할 때, 갑자기 보행자가 튀어나온다면 무인 자동차는 어떻게 해야 할까요? 만약 보행자를 피하고자 핸들을 꺾으면 운전자가 낭떠러지로 추락할 거예요. 반대로 직진하면 보행자를 치게 될 테고요.

운전자를 보호해야 할까요? 아니면 보행자를 보호해야 할까요? 이런 윤리적인 문제 앞에서 어떤 선택을 해야 할지도 아주 중요한 숙제랍니다.

그래도 우리 앞에 나타날 무인 자동차의 모습이 어떨지 매우 궁금하죠? 우리의 미래가 무척 기대되는 이유 가운데 하나입니다.

상상의 자동차

　자동차는 인간의 상상력이 만들어낸 산물이에요. 자동차의 미래도 마찬가지가 아닐까요? 인간이 상상하는 대로 이루어지지 않을까요?

　보트처럼 물 위를 달리고, 잠수함처럼 물속에서 가고, 로켓처럼 우주를 날아가는 자동차. 인간의 상상력이 만들어내는 미래의 자동차는 공상 과학 영화나 애니메이션 같은 데서 나오는 것과 크게 다르지 않을 거예요.

　1968년 영국에서 만든 영화 <치티치티뱅뱅>에는, 도로를 달리던 자동차에서 날개가 나와 하늘로 서서히 날아오르는 장면이 나와요. 당시만 해도 엄청나게 충격적인 장면이었어요.

그러나 이미 여러분에게도 익숙한 장면이죠? 요즘은 공상 과학 영화가 아니어도 자동차가 하늘을 나는 장면은 흔히 나오니까요.

미국의 유명한 공과 대학인, 매사추세츠 공과 대학교(MIT) 졸업생들이 '테라푸지아(Terrafugia)'라는 회사를 만들었는데, 이들은 하늘을 나는 자동차를 실제로 제작했어요.

현재 개발하고 있는 자동차 'TF-X'는 수직 이착륙으로 하늘을 나는 4인승 친환경 전기차로 곧 실용화될 거라고 합니다.

우리는 날마다 자동차 도로에 줄을 서서 오도 가도 못 하는 자동차 행렬을 볼 수 있어요. 교통 혼잡과 정체는 개인적, 사회적 문제예요. 그런데 만약, 하늘을 나는 자동차가 나온다면 더 이상의 교통 혼잡은 없겠죠? 자동차의 문제점을 하나씩 해결해 나갈 수 있다니 정말 반가운 소식이에요.

상상할 수 있는 다른 자동차의 한 예로, 로봇으로 변신하는 자동차도 나오지 않을까요? 미국의 유명한 영화감독 스티븐 스필버그가 제작한 <트랜스포머>라는 영화를 보면, 도로를 달리는 자동차가 로봇으로 변신해요. 그 변신 로봇이 인간과 함께 나쁜 로봇의 침략을 막아 지구를 지키지요.

요즘 어린이에게 인기가 있는 애니메이션 <또봇>이나 <로보카 폴리> 같은 친구들도 로봇으로 변신하는 자동차예요.

혹시 모르지요, 머지않은 미래에 실제로 이런 자동차가 등장할지요. 우리 함께 기대해 볼까요?

자동차 관련 상식 퀴즈

01 그리스 신화에서 인간을 만들고, 자연에서 약한 존재로 살아가는 모습을 보고 딱하게 여겨 '불'을 선물로 준 신은 누구인가요?

02 이집트의 거대한 피라미드를 지으면서 큰 돌덩이를 옮길 때 '굴림대'를 썼다고 해요. (◯, ✕)

03 바퀴는 인류의 역사에 발맞춰 발전을 거듭했어요. (◯, ✕)

04 전차를 개발해 강대국이 된 히타이트 왕국이 페르시아만에서 메소포타미아, 소아시아를 지나 지중해까지 만든 도로의 이름은 '호박 도로'예요. (◯, ✕)

05 도로가 생기면서 도로를 따라 도시가 발달하고, 산업이 발달해요. (◯, ✕)

06 고구려 고분 벽화에서도 수레는 쉽게 찾아볼 수 있을 정도로 많이 사용되었어요. (◯, ✕)

07 이탈리아의 화가이자 건축가인 (　　　　)는 1482년 수레에 커다란 태엽을 달아 저절로 가는 수레를 상상해서 종이에 설계도를 그렸어요.

08 프랑스 포병 장교로 근무하던 니콜라스 조제프 퀴뇨가 최초로 증기 기관이 달린 자동차를 만들었어요. (○ , ×)

09 제임스 와트가 만든 최고의 증기 기관 덕분에 기계들은 공장에서 물건을 대량으로 만들어내기 시작했어요. (○ , ×)

10 컨베이어 벨트는, 폭이 넓은 띠를 양쪽 원통에 팽팽하게 끼우고, 원통을 돌리면 벨트가 움직이게 만든 장치예요. (○ , ×)

11 우리나라는 현재 세계에서 첫 번째로 많은 차를 생산하는 자동차 강국이에요. (○ , ×)

12 우리나라 최초의 자동차의 이름은 무엇인가요?

13 우리나라 최초의 고속 도로는 경부 고속 도로예요. (○ , ×)

14 경부 고속 도로 덕분에 우리나라도 '일일생활권'이 되었어요.
(○, ×)

15 자동차는 우리의 삶에 도움만 주었어요. (○, ×)

16 소음은 우리 호르몬 분비에 나쁜 영향을 끼쳐요. (○, ×)

17 '유엔 기후 변화 협약'은 이산화탄소를 비롯한 온실가스의 방출을 제한해 지구 온난화를 방지하기 위해 세계 각국이 동의한 협약이에요. (○, ×)

18 전기 자동차는 휘발유나 경유 같은 화석 연료 대신 전기 에너지를 사용하기 때문에 배기가스가 전혀 없어요. (○, ×)

19 친환경 자동차로 태양광 자동차나 수소 자동차 등이 있어요.
(○, ×)

20 (　　　)는 사람이 직접 운전하지 않아도 되는 자동차를 말해요.

정답
01 프로메테우스 02 ○ 03 ○ 04 × 05 ○ 06 ○
07 레오나르도 다빈치 08 ○ 09 ○ 10 ○ 11 × 12 시발 자동차
13 × 14 ○ 15 × 16 ○ 17 ○ 18 ○ 19 ○ 20 무인 자동차

자동차 관련 단어 풀이

자동차 한자로 자동차(自動車)는 스스로 자(自), 움직일 동(動), 수레 차(車)로 이루어짐. 스스로 움직이는 수레라는 뜻.

증기 기관 물을 끓일 때 나오는 수증기의 힘으로 동력을 얻는 기관.

문명 인간이 지금까지 살아오면서, 생각하고 활동해서 만들어낸 정신적·물질적인 것들을 통틀어 가리키는 낱말. 건축물이나 기계처럼 눈에 보이는 것도 있고, 법이나 제도처럼 눈에 보이지 않는 것들도 있음.

물질대사 생물이 살아가기 위해 에너지를 얻어야만 하는데, 그때 몸 안에서 일어나고 있는 다양한 화학 반응을 말함. 예를 들면, 우리가 숨을 쉴 때 공기를 들이마셔 에너지를 만들고, 쓸모없는 물질은 밖으로 내뱉는 것.

기동성 상황에 따라 잽싸게 이동하는 성질. 이 책에서는 군대가 임무를 완수하기 위해 이쪽저쪽으로 쉽고 빠르게 이동하는 능력을 뜻함.

히타이트 기원전 2000년 무렵, 소아시아에 사는 고대 시리아 민족이 만든 나라 이름.

인력 사람의 힘.

모르타르 건축할 때 쓰는 마감 재료. 회나 시멘트에 모래를 섞고 물로 갠 다음 굳힌 것. 예를 들면, 욕실 벽의 타일 틈새를 메꾸고 있는 흰 줄 같은 것.

을사늑약 1905년(대한 제국 광무 9년)에 일본이 한국의 외교권을 빼앗기 위하여 강제적으로 맺은 조약.

치도국 대한 제국 때, 도로 건설이나 보수 등 도로에 관련된 일을 맡아 보던 관청.

무인 자동차 사람이 직접 조종하지 않고 주행하는 차. 차에 있는 인공 지능 컴퓨터가 알아서 조종함.

자본주의 '자본'이란 돈이나 기술, 노동력 같은 생산 밑천을 뜻함. 따라서 사람이나 회사가 이익을 얻기 위해 자유롭게 활동하도록 보장하는 사회의 경제 체제를 일컬음.

전자기 유도 전선 근처로 자석을 움직였을 때 전류가 생기는데, 이런 현상을 가리킴.

전동기 모터(motor). 전기를 연결하면 돌아가는 기계.

배기가스 자동차 같은 기계에서 내뿜는 가스. 다량의 수증기, 그을음, 먼지 따위로 이루어졌으며 일산화탄소처럼 해로운 물질도 있어서 도시 공해의 원인이 됨.

변속기 속도를 변하게 만들어 전달하는 장치. 자동차 따위의 원동기에서 변속기로 회전 속도나 회전력을 바꿀 수 있음.

축전지 충전 배터리. 휴대 전화의 배터리처럼, 전기 에너지를 화학 에너지로 바꾸어 모아 두었다가 필요한 때에 전기로 재생하는 장치.

전차(電車) 전기로 가는 차. 공중에 설치한 전선으로부터 전력을 공급받아 궤도 위를 다니는 차.

가솔린 휘발유. 석유의 휘발 성분을 이루는 무색의 투명한 액체.

나프타 휘발유와 비슷한데, 더 무거워서 '중질 가솔린'이라고도 부름. 자동차, 비행기 등의 연료로 쓰기보다 석유 화학 원료로 사용함. 예컨대, 비료나 약품 등을 만들 때 '나프타'라고 부름.

압축 공기 높은 압력으로 꽉꽉 눌러 부피를 줄인 공기.

부가 가치 생산 과정에서 새로 덧붙인 가치. 예를 들어 연필, 지우개, 게임, 장난감 등에 인기 캐릭터를 활용하면 부가 가치를 높일 수 있음.

사륜구동 자동차에서, 네 바퀴가 모두 돌아가는 방식. 보통은 앞바퀴(전륜)만 2개 또는 뒷바퀴(후륜)만 2개가 돌아감.

경제 협력 개발 기구(OECD) 잘사는 몇몇 나라가 모여서, 지구촌 모두 더욱 잘살자고 만든 조직. 경제 성장, 개발도상국 원조, 통상 확대의 세 가지를 주요 목적으로 하여 1961년에 창설된 국제 경제 협력 기구. 우리나라는 1996년에 회원국으로 가입함.

호르몬 우리 몸의 각 기능을 정상적인 상태로 유지시켜 주기 위해 몸에서 나오는 물질. 예를 들어, 우리 성장을 도와주거나 남자와 여자의 성적 특징을 드러나게 하는 등의 역할을 함.

당뇨 오줌에 당분이 많이 섞여 나오는 병.

골다공증 뼈엉성증. 뼈의 무기질과 단백질이 줄어들어 뼈조직이 엉성해지는 증상.

데시벨 소리의 세기를 나타내는 단위. 기호는 dB.

국내 총생산(GDP) 한 나라에서 일정 기간 만들어낸 모든 것을 합해서 돈으로 매긴 것. 경제가 좋아졌는지 나빠졌는지 등을 한눈에 알 수 있음.

지구 온난화 지구가 뜨거워지는 현상. 홍수, 가뭄, 지진 같은 자연재해가 늘어 지구 생물에 나쁜 영향을 줌.

인공 지능 스스로 생각하는 기계. 인간의 지능이 가지는 학습, 추리, 적응, 논증 따위의 기능을 갖춘 컴퓨터 시스템.